본질은 그것이 아니다

본질은 그것이 아니다

2024년 4월 12일 초판 1쇄 인쇄
2024년 4월 22일 초판 1쇄 발행

지은이 | 김민정
펴낸이 | 孫貞順
펴낸곳 | 도서출판 작가
　　　　(03756) 서울 서대문구 북아현로6길 50
　　　　전화 | 02)365-8111~2 팩스 | 02)365-8110
　　　　이메일 | cultura@cultura.co.kr
　　　　홈페이지 | www.cultura.co.kr
　　　　등록번호 | 제13-630호(2000. 2. 9.)

편집 | 손희 설재원
디자인 | 오경은 박근영
영업 | 박영민
관리 | 이용승

ISBN 979-11-90566-84-1　93680

잘못된 책은 구입하신 서점에서 바꾸어 드립니다.

* 이 책은 2022년도 중앙대학교 학술연구비 지원에 의한 것임.

값 16,000원

본질은 그것이 아니다

김
민
정

작가

차
례

콘텐츠의 본질은 그것이 아니다

학교에서 내가 담당하는 전공은 콘텐츠다. 그리고 그 전공을 나는 '돈텐츠'라고 부른다. 돈과 콘텐츠를 결합한 나만의 신조어다. 지도교수인 나를 따라 학생들도 종종 자신의 전공을 '돈텐츠'라고 소개하기도 한다. 돈을 많이 벌기 위해서는 콘텐츠를 전공해야 한다거나 콘텐츠 전공은 돈을 많이 번다는 이야기가 자연스럽게 학생들의 입과 입으로 전해진다. 그렇게 돈텐츠의 신화가 화려하게 탄생한다.

디즈니 플러스 오리지널 시리즈 <무빙>의 제작비가 650억 원이고, 영화 <서울의 봄>의 관객수는 1,300만 명이라는 기사에서, 나영석 피디의 연봉이 40억이고, 구독자 323만 명을 보유한 유튜버가 자신의 월 수익이 은행원 연봉의 4배라는 기사에서 '돈텐츠'를 향한 경외심은 하늘 높이 치솟는다. 풍요로운 꽃길을 향한 동경은 콘텐츠 전공생뿐만 아니라 현실 세계에서 하루하루 보통의 삶을 영위해가는 모든 인간이 가진 보편적 정서다. 비행기를 탈 때

일등석과 비즈니스석을 지나 이코노미석으로 향하는 우리의 발걸음이 점점 무거워지는 건 어쩔 도리가 없다. 이게 설국열차가 아니면 뭐란 말인가. 음흠.

돈텐츠의 본질

높은 시청률, 많은 관객수, 높은 화제성 지수, 많은 구독자수…. 대중성은 많은 돈을 의미한다. 그런 의미에서 콘텐츠는 돈텐츠가 맞다. 하지만 시대 흐름과 문화 트렌드에 따라 돈의 움직임은 달라진다. 빠르게 변화하는 콘텐츠의 거센 파도 가운데 변하지 않는 가치, 영원불변 궁극의 가치는 무엇일까. 바로 사람이다. 대중서사예술로서 콘텐츠가 가진 대중적 영향력은 불특정 다수의 사람을 사로잡는 힘에 기인한다. 많은 돈은 곧 많은 사람이다.

중요한 것은 결국 사람. 사람이 본질이다.

대중의 마음을 이해하라.

콘텐츠 전공생들에게 나는 사람의 마음을 얻는 일은 어려운 일이고, 특히 불특정 다수의 마음을 얻는 일은 더 어려운 일이라고, 그러니 마음과 마음으로 다가가라고, 내가 상대방을 이용하려고 하면 가장 먼저 그 상대가 눈치를 챌 거라고 이야기한다. 대중의 마음을 '이용'하는 것이 아니라 대중의 마음을 '이해'하는 것, 그것이 콘텐츠를 대하는 바람직한 태도라고 말이다.

사건의 개연성만큼 중요한 것이 '마음'의 개연성이다. 이름하여 감정선. 콘텐츠 안의 등장인물들부터 그 밖에 있는 관객과 독자, 그리고 시청자들까지 콘텐츠 안팎의 마음'들'을 나는 눈여겨본다. 사람들은 왜 이 드라마를 좋아

할까, 정말 그 이유로 재미있어하는 것일까, 진짜 그게 그들의 진심일까…. 꼬리에 꼬리를 무는 질문을 던져가며 콘텐츠의 안과 밖을 쉼 없이 오가는 일. 한 편의 콘텐츠를 비평하기 위해 콘텐츠를 둘러싼 문화사적인 배경을 검토하고 정치·외교를 넘나드는 세계사적인 동향을 깊숙이 들여다보는 일. 그 일은 가깝고 편한 지름길을 놔두고 세상의 모든 옆길과 샛길을 다 밟아가는 길고 긴 세계 일주와 비슷하다.

세상을 향한 그 둘레길에서 나는 '사람'을 만나고 '마음'을 발견한다. 그렇게 현상이 아닌 현상에 가려진 본질에 점점 가까이 다가간다. 그리고 그 여정은 내 예상보다 훨씬 보람차고 재미있다. 그 여정까지도 흥미진진한 한 편의 콘텐츠가 되는 경이로운 경험이랄까. 장르는 판타지로맨스코미디홈오피스오컬트…… 다.

여기에 실린 글들은 모두 발표 당시의 본문 그대로 실렸다. 발표와 출간 사이 콘텐츠 트렌드가 변하거나 업데이트된 정보가 있더라도 윤문하거나 수정하지 않았다. 광활한 대륙을 누볐던 분주한 나의 발걸음이 남긴 '현장 비평'만의 '공기 반 숨 반' 살아있는 호흡을 고스란히 전달하고 싶었다. 글의 끝자락에 글 발표 시기를 표기하여 그때 그 순간의 현장감도 한 스푼 더 보탰다. 부디, 나의 마음이 이 글을 읽는 당신의 마음에 닿기를 바란다.

더불어, 이 책은 2022년도 중앙대학교 학술연구비 지원이 있었기에 가능했다. 나의 여정에 동행해준 중앙대학교의 '따뜻한 마음'에 감사드린다.

K-웨이브와 역사적 비극의 본질

K-콘텐츠의 약진 이면에는 세계 질서의 변화가 있다
세계의 모든 창세신화는 카오스에서 시작되었다
한국 드라마와 계급적 상상력
아름답고 단단한 비극의 역사
K-드라마가 꿈꾸는 K-정치Politics

K-콘텐츠의 약진 이면에는
세계 질서의 변화가 있다

코로나와 한국 드라마의 상관관계를 고려해봤을 때 코로나는 한국에서 의도적으로 퍼트린 것이 분명하다. 어떤 사건이 발생했을 때 득을 보는 쪽이 범인일 확률이 높다. 코로나 팬데믹 이후 암울한 미래 전망에 다들 깊은 탄식을 쏟아내는데, 한국은 혼자 '꽃길'을 걷고 있다. 'K'란 이름을 단 많은 한국 드라마가 전 세계인의 마음을 사로잡았으니 말이다. 한국발 코로나란 음모론도 기분 좋게 감내할 만큼 2021년 한국 드라마는 세계 드라마의 역사를 새로이 쓰고 있다.

위기는 기회였다. 코로나 팬데믹 이후 넷플릭스를 포함한 OTT의 가입자와 시청 시간이 기하급수적으로 증가하였고, 초국적 콘텐츠플랫폼을 타고 한국 드라마는 전통적인 강세였던 아시아를 넘어 미국과 유럽으로 빠르게 퍼져나갔다. 글로벌 OTT는 'K-드라마'를 전 세계로 뻗어나가게 하는 한국의 '디지털 실크로드'가 되었다. 하지만 중요한 것은 형식이 아니라 내용이었다. 코로나 팬데믹 이후 빈부 격차는 점차 벌어지고 계급 단절과 계층 갈등은 악화했다. 그리고 전 세계 사람들이 직면한 절망적인 현실이 바로 한국 드라마 안에 고스란히 담겨 있었다.

K-드라마의 5가지 공식

〈오징어 게임〉〈빈센조〉〈킹덤〉〈이태원 클라쓰〉〈D.P.〉….

글로벌 신한류를 이끄는 'K-드라마'에서 공통으로 발견되는 5가지 공식이 있다. 첫째, 세계는 갑과 을의 수직적 관계를 토대로 형성된다. 둘째, 그 세계는 영원불변의 시스템이다. 셋째, 갑은 부정부패의 온상이자 악의 축으로서 사이코패스이거나 소시오패스다. 넷째, 을은 동정과 연민을 자아내는 슬프고 굴곡진 사연을 가진 사회적 소수자다.

이렇듯 K-드라마는 암울한 현실 인식을 토대로 갑과 을의 위계 서열이 중심축을 이루는 지극히 한국적인 세계관을 구축한다. 그리고 부의 불평등과 불공정이라는 전 세계인의 공통된 이슈를 통해 폭넓은 공감대를 형성한다. 이때 드라마와 실제 현실이 갈라지는 지점이 있으니, 바로 다섯 번째 공식이다.

드라마 주인공은 반드시 을이어야 한다. 현실에서는 갑이 갑이지만 드라마에서는 을이 현실의 을로서 드라마의 갑이 된다. 이로써 K-드라마는 현실을 전복하는 상상력을 토대로 공감을 넘어 전폭적인 지지와 열띤 호응을 끌어내는 데 성공한다. 그리하여 'K-드라마'라는 하나의 독특한 장르가 탄생한다.

'K'란 무엇인가

〈가을동화〉〈천국의 계단〉〈시크릿 가든〉〈파리의 연인〉….

2000년대 초중반 한류를 이끌던 K-드라마 목록을 훑어보면 로맨스, 그중에서도 부유한 남자와 가난한 여자의 로맨스가 자주 다루어졌다. 지극히 상투적이고 진부한 신데렐라 이야기라고 폄하되던 바로 그것. 하지만 등장인물의 성별을 지우면 새로운 의미가 발생한다. 부유한 (남자) 사람과 가난한 (여자) 사람이 만나 서로에 대한 몰이해로 툭탁거리다가 우여곡절 끝에 서로의 모든 것을 공유하는 사랑의 연대를 형성한다. 성별이 지워진 자리에 보이는 계급은 한국식 로맨스가 단순히 사랑 이야기가 아니라는 것을 증명한다.

전 세계에 '한국 갓' 열풍을 몰고 온 〈킹덤〉도 서양 좀비와는 탄생 배경부터 다르다. 미국 드라마 〈워킹데드〉에서 좀비는 알 수 없는 바이러스에 의해 갑자기 발생하여 폭발적으로 퍼져나간다. 하지만 한국식 좀비를 다룬 〈킹덤〉은 계급사회인 조선 시대를 배경으로 인간이 좀비가 되는 과정을 약육강식의 생태계를 통해 사회 불평등과 사회 지도층의 탐욕과 부정부패가 결합하였을 때 발생하는 문제 상황으로 설명한다.

2021년 최고의 화제작 〈오징어 게임〉도 가볍게 즐기는 데스 게임이란 장르물을 자본주의 사회의 치열한 경쟁 시스템과 불공정에 관한 비판적 메시지를 담은 한국형 스릴러로 전환한 것이다. 'K'의 손길만 닿으면 어떤 소재든 어떤 장르든 한국적 세계관의 K-드라마로 변모한다. 그것이 'K'가 가진 독특한 세계관의 힘이다.

'K-컬처'의 이름으로

2021년 〈오징어 게임〉이 전 세계적인 관심을 받고 있다. 하지만 그전에 그 꽃길을 손수 갈고닦은 '선배' 드라마들이 있었다. 한국 드라마의 넷플릭스 랭킹을 살펴보면 그 순위가 점차 높아지고 있다. 결국 그상승세를 타고 〈오징어 게임〉은 유리천장이라 불리는 미국을 포함해 94개국에서 1위를 기록한 것이다.

긍정적인 파급효과는 같은 장르에만 국한된 것이 아니다. 2021년 〈오징어 게임〉의 초대박 흥행이 있기 전, 2020년 영화 〈기생충〉이 미국 아카데미 시상식에서 4관왕을 차지하고, 소설 『82년생 김지영』이 미국 타임지에서 선정한 '2020년 반드시 읽어야 할 도서 100'에 등재되고, 방탄소년단이 미국 빌보드 2020년을 대표하는 최고의 팝스타로 선정된 것은 결코 우연한 일이 아니다. K-유니버스 안에서 K-컬처는 서로의 알고리즘 역할을 하며 시너지 효과를 거두고 있다.

영화 〈기생충〉은 불평등한 사회 구조에 대한 풍자를 보여주고, 소설 『82년생 김지영』은 여성 인권 유린의 현주소를 적나라하게 폭로한다. 그리고 방탄소년단은 MZ세대의 대변인으로서 동시대 청년세대가 겪는 현실적인 문제들을 공론의 장으로 소환해낸다. K-컬처가 세계의 주목을 받을 때마다 국내외 언론들은 시의성 높은 사회적 이슈를 날카롭게 포착하여 전 세계적인 공감을 끌어내는 데 성공했다고 평가한다. 나아가 K-콘텐츠 속 한국적 세계관이 얼마나 사회 비판적이고 현실 참여적인지에 대해 칭찬을 아끼지 않는다. 하지만 콘텐츠의 변방에 자리했던 아시아의 작은 나라 한국이 지금의 콘텐츠 강국으로 등극하게 된 진정한 원동력은 사회적 이슈를 단순히 반영하는 데 있지 않다.

K-콘텐츠의 약진 이면에는 세계 질서의 변화와 중심의 붕괴가 자리 잡고 있다. 인류 공동의 환경 위기에 대응하기 위한 파리기후변화협정에서 탈퇴한 트럼프 행정부의 폭주는 더는 미국이 세계의 중심이 아니라는 것을 만천하에 폭로했다. 문화적 관용주의로 미국 일국 체

제에서 그 존재감을 유지해 온 유럽의 철학과 사회적 수용성 또한 악화일로를 걷고 있다. 21세기의 새로운 중심으로 떠오른 중국은 자본주의의 모순을 보완해나가는 하나의 새로운 대안이 아니라 18세기 이전의 황제체제로 회귀하는 것일지 모른다는 의구심을 불러일으키고 있다.

역설적이게도 K-콘텐츠의 약진은 유럽과 미국이 걸었던 근대화의 길을 가장 늦게 뒤쫓았기 때문이다. 지난 세기 한국은 패권주의와 약육강식의 질서에 시달리며 불합리한 횡포를 절감하였다. 이는 역으로 미국과 유럽이 한때 내세웠다가 폐기해버린 평화와 공존, 그리고 민주주의 가치를 가장 역동적으로 실현하는 나라로 발돋움하게 했다. 중심이 아닌 주변부가 세상을 구원하는 세계를 우리는 K-드라마의 안과 밖에서 함께 목격하고 있는 것이다.

이것은 K-드라마가 누리는 행운인 동시에 K-드라마가 이겨나가야 할 가장 큰 숙제이기도 하다. 지난날 세계 문화를 주도했던 미국과 유럽처럼 스스로 성찰하는 힘을 잃고 관념적 도그마에 빠진다면 K-드라마도 그들이 걸어간 쇠락의 길을 답습하게 될 것이다. 과연 K-드라마의 신화는 계속될 것인가. 이제 K-드라마가 경쟁해야 할 대상은 그 누구도 아닌 K-드라마 자신이다.

〈오징어 게임〉의 빛과 그림자

2021년 전 세계를 뜨겁게 달군 〈오징어 게임〉은 K-드라마가 구축한 한국적 세계관을 가장 극명하게 재현해낸 작품이다. 하지만 열광적인 해외 반응과 달리, 한국에서는 호불호가 갈린다. 〈오징어 게임〉의 캐릭터와 플롯이 진부하다는 것인데, 한국적 세계관에 대한 누적 시청 경험이 압도적으로 많은 한국 시청자들로서는 자연스러운 반응이다. 그런데 자세히 들여다보면 비판의 본질은 세계관의 상투성이 아니라 그 세계의 단순함과 그로 인한 폭력성에 있다.

드라마는 극적 구성을 위해 실제 현실의 특정한 측면을 선택적으로 강조하거나 축소한다. 〈오징어 게임〉 속 빈부, 선악 등 극단적 이분법적 구분에 토대를 둔 세계 또한 부의 불공정과 자본주의의 모순을 비판하기 위한 서사 전략의 일환이다. 하지만 그 세계가 다수의 작품에서 반복되어 재현된다면 특정 계층과 계급에 대한 고정관념과 우리가 사는 사회에 대한 특정 이데올로기로 작동할 소지가 있다. 드라마를 허구의 픽션으로 가벼이 볼 수 없는 이유다.

최근 세계적인 사랑을 받는 K-드라마는 갑과 을만 존재하는 평면적 세계에서 갑은 절대 악으로서 온갖 범행을 저지르고 을은 절대 선으로서 세상의 모든 억울한 사연을 가슴에 품고 산다. 그리고 정부와 경찰, 그리고 법과 같은 공권력에 대한 아무런 기대와 개입 없이 오로지 사회적 약자의 사적 복수만 강조된다. 갑과 을로 분류된 사람들이 서로 죽고 죽이는 악순환만 남은 세상이 바로 K-드라마 속 우리가 사는 세상이다. 얼마나 비극적인 현실 인식인가. 얼마나 폭력적인 문제 해결인가. 또 얼마나 평면적인 타자 인식인가.

물론 드라마는 윤리 교과서가 아니다. 따라서 바람직한 메시지를 담아야 할 의무는 없다. 하지만 한국 드라마의 지속가능한 성장을 위해서도 한국적 세계관의 자가복제에 대해서는 재고할 필요가 있다. 최근 '다크 히어로'의 연이은 출현에 지친 한국 시청자들이 〈오징어 게임〉보다 강원도 어촌마을 배경으로 따뜻한 공동체를 그린 〈갯마을 차차차〉에 더 뜨거운 호응을 보냈다는 것은 K-드라마가 앞으로 나아가야 할 길에 대해 시사하는 바가 크다. 소수의 히어로가 아닌 평범한 사람들이 함께 만들어가는 세상, 그것이 진정 우리가 바라는 이상적인 사회의 모습인 동시에 다양한 장르와 스타일이 공존하는 평화로운 K-드라마 월드다.

〈오징어 게임〉 직후 공개된 넷플릭스 오리지널 드라마 〈마이 네임〉이 "'K-드라마'만의 사회 비판적 메시지가 약해 아쉬움이 남는다"라는 평가를 받은 것은 전 세계 시청자들의 마음속에 'K-드라마'의 장르화 작업이 꽤 성공적으로 안착하였다는 방증이다. 하지만 모든 한국 드라마가 특정 세계관으로 수렴된다는 위험 신호이기도 하다. 자칫 'K'가 한국 드라마의 다양성과 상상력을 가로막는 굴레가 될 수 있다.

K드라마, 왕관의 무게를 견뎌라

안타깝게도 〈오징어 게임〉 속 부의 불평등과 불공정, 그리고 승자 독식의 가혹한 현실은 드라마 밖에서도 재현되고 있다. 넷플릭스는 한국에 콘텐츠 전담 자회사를 설립하고 2021년 한 해 5,500억 원을 투자하였다. 덕분에 K-드라마의 제작 및 유통이 한결 수월해졌다. 하지만 100% 사전 투자로 제작비를 전액 지급하는 계약에는 IP(지식재산권)를 포기해야 한다는 조건이 전제되어 있다. 〈오징어 게임〉의 초대박 흥행에도 불구하고 드라마를 직접 만든 제작진에게 돌아가는 게 없다는 것은 실로 경악할 일이다. 구체적 액수는 알려지진 않았으나 계약의 공정성 논란 이후 감독과 제작진에 인센티브가 지급됐다는 보도가 있긴 했어도 말이다.

　〈오징어 게임〉의 유일한 생존자 성기훈은 사회의 구조적 모순을 타파하기 위해 자신의 목숨을 담보로 피의 복수를 다짐한다. 하지만 실제 현실 속 '성기훈'들은 보다 슬기로운 방식으로 세계를 변화시키는 중이다. 최근 tvN에서 방영중인 〈지리산〉은 세계적인 히트작 〈킹덤〉의 배우 전지현과 주지훈, 그리고 김은희 작가가 함께 모여 만든 올해 최고의 기대작이다. 하지만 드라마 제작사는 넷플릭스가 아닌 중국 아이치이와 손을 잡고 해외 온라인 유통에 나섰다. 한류 스타 송혜교 주연의 〈지금 헤어지는 중입니다〉를 제작한 삼화네트웍스도 싱가포르 PCCW 뷰클럽과 해외 유통 계약을 맺었다.

세상을 변화시키는 방법이 목숨을 건 생존 투쟁 하나일 리 없다. 우리가 내딛는 만큼 그리고 우리가 상상하는 만큼 길은 무한히 넓어진다. 얼마 전 넷플릭스는 저작권 독점 계약과 관련해 상생 방안을 고민하겠다고 밝혔다. 역시 드라마로 세상을 변화시키는 'K'의 힘이다. 얼마나 믿음직스러운가. 포스트코로나 시대 K-드라마의 미래가 더욱 기대되는 이유를 우리는 이미 다 알고 있다. (2021. 12.)

세계의 모든 창세신화는 카오스에서 시작되었다

2021년 〈오징어 게임〉의 인기가 아시아를 넘어 미국과 유럽으로 기세등등하게 뻗어나가는 것을 보며 함께 즐거워하고 싶었다. 하지만 그럴 수 없었다. K-드라마가 〈오징어 게임〉으로 세계 정상에 오른 것이 아니라 막다른 골목에 다다른 느낌이었다. 불길한 예감이었다.

〈오징어 게임〉은 갑과 을의 위계 서열이 중심축을 이루는 지극히 한국적인 세계관을 토대로, 부의 불평등과 불공정이라는 선 세계인의 공통된 이슈를 내세워 폭넓은 공감대를 형성한다. 주제 의식, 캐릭터, 인물 구도, 서사 패턴 등 드라마의 모든 것이 K-드라마의 성공 공식을 가장 잘 따른 '모범'작품이다. 최근 몇 년 동안 글로벌 신한류 열풍을 이끈 K-드라마의 공통점을 집약적으로 보여준 작품, 그것이 바로 〈오징어 게임〉이다. 그런데, 그 점이 문제였다.

K-세계관의 자가복제. 〈오징어 게임〉은 그동안 한국 드라마가 걸어간 길, 그래서 익숙하다 못해 진부하고 상투적이라고 여겨질 그 길을 걸어가고 있었다. 정녕 이제 내려올 일만 남은 것인가. 〈오징어 게임〉의 세계적인 흥행 돌풍은 K-드라마가 이룬 최고의 성과인 동시에 K-드라마가 풀어야 할 큰 과제임이 분명했다.

〈오징어 게임〉과 〈마이 네임〉, 그리고 〈지옥〉

다행이었다. 〈오징어 게임〉을 보고 탄식했다면 〈마이 네임〉을 보고 안도의 한숨을 내쉬었고, 〈지옥〉을 보고는 감탄을 내뱉을 수 있었다. 역시 K-드라마!

2021년 10월 공개된 넷플릭스 오리지널 시리즈 〈마이 네임〉은 언더커버를 모티프로 한 장르물로 한때 넷플릭스 세계 TV프로그램 3위에 랭크되며 제2의 〈오징어 게임〉이 될 거란 기대를 모았다. 하지만 "K-드라마만의 사회 비판적 메시지가 약하다"는 혹평과 함께 국내외 큰 반향을 일으키진 못했다.

〈오징어 게임〉이 '데스 게임'이란 장르물에 K-드라마만의 특수성을 내세워 글로벌 신한류 열풍에 합류했다면 〈마이 네임〉은 '언더커버' 장르물의 서사 원형을 차용해 콘텐츠의 무국적성을 강조한다. 'K'

란 위대한 유산을 버리고 새로운 길을 개척하고자 한 것이다. 그런 의미에서 'K-드라마'만의 스타일이 잘 드러나지 않는다는 혹평은 역으로 장르 다양성을 확보하며 K-드라마의 스펙트럼을 넓혔다는 호평으로 전환될 수 있다.

2021년 겨울 공개된 넷플릭스 오리지널 시리즈 〈지옥〉은 〈마이 네임〉보다 한 발 더 앞으로 나아간다. 〈지옥〉은 한국적 특수성보다는 문화콘텐츠의 보편성을 극대화하는 전략으로, 그동안 K-드라마가 전통적으로 강세를 보였던 아시아를 넘어 유럽과 미국을 포함한 서구 문화권 시청자를 공략한다.

〈지옥〉은 어느 날 갑자기 평범한 사람들이 지옥행 고지를 받는 일이 발생하면서 집단적 혼란에 빠지는 가상의 미래 사회를 배경으로 한다. 극 중 지옥행 고지와 관련된 일련의 사건들은 기독교를 연상시키는데, 이때 기독교는 한국인에게는 특정 종교로서 특수성을 가지지만 미국과 유럽을 위시한 서양 문화권에서는 보편적 사회문화로서 작동한다. 〈지옥〉은 기독교적 세계관을 토대로 신과 인간의 문제를 가져와 동서양을 잇는 '디지털 실크로드' 넷플릭스의 종착지이자 지금껏 문화주도권을 가지고 있는 영미권 국가를 대상으로 정면 대결을 시도한다.

사적 복수와 다크 히어로

'세계' 시장을 겨냥한 '한국' 드라마 〈지옥〉은 두 개의 층위로 해석될 수 있다. 우선, 한국 드라마의 최신 트렌드인 '사적 복수와 다크 히어로'의 맥락에서 〈지옥〉이 차지하는 사회문화적 좌표다. "하나님이 너 때리래"를 외치며 적폐 세력을 처단하던 2019년 〈열혈사제〉의 김해일 신부를 시작으로 2021년 〈빈센조〉〈모범택시〉〈원 더 우먼〉에 이르기까지 한국의 인기 드라마 다수가 다크 히어로의 사적 복수를 다루었다. 현 체제 안에서 공적 복수가 불가능하다는 판단 아래, 개인이 나서서 직접 악을 심판한 것이다.

2021년 겨울, 다크 히어로물의 최전선에서 〈지옥〉은 사적 복수가 일상화된 가상 사회를 배경으로 스토리를 전개한다. 극 중 평범한 사람들이 괴생명체에 의해 지옥행 선고를 받고 죽임을 당하는 사건이 발생한다. 이성과 과학으로 설명할 수 없는 초자연적인 상황이 발생하자 사람들은 혼란에 빠진다. 이때 종교단체 새진리회는 이 모든 것이 신의 뜻이라고, 인간이 만든 법이 죄인을 단죄하지 못하니까 신이 나서게 된 거라고 불안과 공포에 빠진 사람들을 설득한다.

극 중 예고 살인을 당하는 사람들은 모두 범죄자, 그러니까 제각각 살인자, 폭력범, 사기꾼, 강간범으로 밝혀진다. 폭력적인 죽음 방식에 경악하던 사람들도 점차 그 상황을 받아들이면서 직접 사적 복수에 나서기 시작한다. 사적 복수의 실천은 새진리회를 맹목적으로 따르는 소수 집단 '화살촉'에서 다수의 평범한 사람들에게로 빠르게 확산한다. 사적 복수의 일상화와 맞물려 다크 히어로의 대중화가 이루어진 것이다.

공권력에 기댈 수 없는 무력한 현실과 그런 현실에 절망한 대중에게 통쾌한 해법으로 카타르시스를 선사한다는 점에서 〈지옥〉은 사회 비판 요소가 가미된 킬링타임용 드라마로 읽어낼 수 있다. 지옥행 시연 방식이 다소 폭력적이긴 하지만 표현 수위에 있어 상대적으로 제약이 적은 OTT드라마란 걸 고려했을 때 어렵지 않게 수긍할 수 있다. 하지만 6부작으로 구성된 시즌 1의 5회차에서 〈지옥〉은 스토리의 방향을 확 틀어버린다. 태어난 지 얼마 안 된 신생아가 지옥행 고지를 받는 사건이 발생한 것이다.

죄를 지어 지옥행을 선고받는 것이라는 새진리회의 해석에 오류를 설정함으로써 〈지옥〉은 그동안 우리가 '속 시원한 엔딩'이라며 뜨거운 환호를 보내던 다크 히어로의 영웅담에 과감하게 제동을 건다. 지금 우리 안의 믿음과 신념이 과연 옳은 것일까. 세상에 절대 신이라는 게 존재할 수 있을까. 〈지옥〉은 선과 악, 시와 비 등 이분법적으로 재단된 세상에서 파생된 획일화된 사고와 경직된 문화가 초래할 수 있는 최악의 비극에 대해 경고한다. 〈지옥〉에서 발견되는 이러한 장르적 차이화는 한국 드라마 스스로 관념적 도그마에 빠지는 것을 경계하는 자기성찰력의 발로라는 점에서 주목할 만하다.

혼돈, 그 창조적 힘에 대하여

대중성을 장르적 특장점으로 삼는 드라마는 당대 시민들의 문화와 의식이 투영된 한 시대의 표상이다. 다시 말해, 글로벌 신한류를 이끄는 K-드라마는 한국 사회와 현실을 반영하는 한국 드라마인 동시에 전지구적으로 사회문화적 공감대를 형성한 세계 공통의 드라마이기도 하다.

〈오징어 게임〉은 중심이 아닌 주변부가 세상을 구원하는 K-드라마만의 세계관을 통해 최근 미국과 유럽, 중국과 제3세계로 이어지는 세계 정치 지형의 변화를 흥미진진하게 그려낸다. 그리고 〈지옥〉은 권력 투쟁에 얽힌 인류의 오랜 역사를 중세와 르네상스를 아우르는 신과 인간의 문제에 빗대어 깊게 파고든다. 이때 〈지옥〉에서 중요한 것은 수천 년 세계사를 관통하는 권력의 본질 즉, '그 누구도 영원한 권력을 가질 수 없음'이다. 이름하여 '절대성의 부재(不在)'.

극 중 지옥행 고지를 받은 신생아를 두고 모두가 혼란에 빠진 가운데, 시즌1의 엔딩에서 부정한 여자라고 비난받으며 공개석상에서 최초로 죽임을 당한 미혼모 박정자가 부활한다. 죽은 박정자의 부활은 신의 아들 예수를 연상시키는 동시에 예수를 낳은 '성모 마리아' 역시 성

령으로 예수를 잉태한 그 시대의 미혼모라는 점을 깨닫게 함으로써 그 동안 우리가 믿어왔던 절대성의 모순을 폭로한다. 이를 통해 〈지옥〉은 죄와 벌, 선과 악, 미와 추, 귀와 천, 시와 비 이 모든 것에 대한 본질적인 질문을 던지며 우리가 사는 세계에 큰 파문을 일으킨다.

"말하고 싶은 게 뭐야. 복잡해서 모르겠어"라고 신에게 절규하는 지옥행 고지를 받은 화살촉 회원, '원칙 없는 세상은 종말'이라며 집단적 멘붕에 빠진 새진리회 사제들, 그리고 끝까지 살아남아 이야기를 이끌어나갈 것이라 기대했던 배우 유아인과 박정민의 죽음으로 당혹감을 감추지 못한 채 주연과 조연 사이에서 의지할 곳을 찾아 방황하는 화면 밖 시청자들까지… 절대성의 세계는 드라마 안과 밖에서 사정없이 무너져 내린다.

흥미로운 것은 〈지옥〉에서 절대성으로 환유되는 신은 단 한 번도 그 모습을 드러낸 적이 없다는 것이다. 신에 관한 모든 것은 인간이 마음대로 덧붙인 해석일뿐. 그러니까 드라마가 말하고자 하는 것은 신이 아니라 인간 그 자체다. 신은 그저 인간에게 주어진 하나의 사건이고 중요한 것은 그 사건을 대하는 인간의 태도다. 신이란 이름의 절대적 진리가 사라진 세계에서 인간은 어떻게 살아갈 것인가. 그곳은 모든 가치가 뒤섞인 위태로운 카오스의 세상일까. 아니면 다양성이 공존하는 평화로운 세상일까. 이 지점에서 〈지옥〉은 인간의 자율성 문제를 전면에 내세우며 한국을 넘어 전 세계 시청자를 대상으로 매력을 발산하기 시작한다.

권력의 중심은 미국도 유럽도 중국도 아니다. 그렇다고 한국도 아니다. 그 누구도 아니다. 주변이 중심을 구원한다는 것은 주변이 중심을 대체한다는 의미가 아니다. 권력의 단순한 이동은 억압의 대상이 억압의 주체로 바뀌는 것일 뿐 구조적 문제를 해결하지 못한다. 주변이 중심을 진정으로 구원하는 방법은 주변이 주변을 떠나지 않고 자신이 서 있는 바로 그 변방을 중심으로 만드는 일이다. 그리하여 수많은 변방이 중심이 되는 것, 억압의 주체였던 중심을 해체하면서도 다른 주변을 다시 변방으로 만들지 않는 새로운 중심이 되어가는 것이다.

그 중심은 하나일 수도 없고 하나여서도 안 된다. 모든 인간의 언어와 모든 문화의 문법이 제각기 중심이 되는 새로운 세계, 그리고 그 세계를 품어내는 새로운 드라마월드. 그러므로 지금 여기의 우리에게는 그동안의 삶과 평안에 안주하지 않고 새로운 도전을 시도하는 대범한 용기와 열린 태도가 무엇보다 필요하다.

세계의 모든 창세신화는 카오스에서 시작되었다. 혼돈은 무질서한 상태가 아니라 새로움을 창조하는 생명력이며 다름을 포용하는 역동성이다. 평화로운 카오스와 위험천만한 다양성, 상대성의 서로 다른 두 얼굴은 〈오징어 게임〉의 세계적인 흥행 이후 K-드라마가 반드시 지나가야 할 통과의례다. 비록 〈지옥〉이 〈오징어 게임〉만큼 세계적인 반향을 끌어내진 못했지만, K-드라마의 성공 공식을 그대로 적용한 〈오징어 게임〉의 성공이 완전한 성공이 아닌 것처럼 새로운 도전을 감행한 〈지옥〉의 다소 아쉬운 흥행실적도 실패가 아니다.

정치풍자극 〈이렇게 된 이상 청와대로 간다〉, 정통 사극 〈태조 이방원〉, 판타지 〈불가살〉, SF 〈고요의 바다〉…. 세계 드라마의 정상에서 〈지옥〉이 재현해낸 혼돈의 창조적 힘으로 2022년 K-드라마의 외연은 현재 무한 확장 중이다. K-드라마의 신화는 지금부터 '다시' 시작이다. (2022. 2.)

한국 드라마와 계급적 상상력

– 드라마 〈오징어 게임〉과 〈D.P.〉를 중심으로

갑과 을의 세계관

글로벌 신한류를 이끄는 K-드라마에서 공통으로 발견되는 5가지 공식이 있다. 첫째, 세계는 갑과 을의 수직적 관계를 토대로 형성된다. 둘째, 그 세계는 영원불변의 시스템이다. 셋째, 갑은 부정부패의 온상이자 악의 축으로서 사이코패스이거나 소시오패스다. 넷째, 을은 동정과 연민을 자아내는 슬프고 굴곡진 사연을 가진 사회적 소수자다. 다섯째, 드라마 주인공은 반드시 을이어야 한다. 현실에서는 갑이 갑이지만 드라마에서는 을이 현실의 을로서 드라마의 갑이 된다.

2021년 최고의 화제작 〈오징어 게임〉은 K-드라마가 구축한 한국적 세계관을 가장 극명하게 보여주는 작품이다. 456억 원의 상금이 걸린 의문의 서바이벌 게임에 참가한 사람들이 최후의 승자가 되기 위해 목숨을 걸고 도전한다는 것, 그리고 이 극악무도한 데스 게임은 시한부 선고를 받은 한 부자 노인의 심심함을 달래기 위해 계획되었다는 것, 그래서 가진 자가 분노유발자로 맹활약한다는 것. 이러한 설정은 그동안 우리가 자주 보아왔던 K-드라마 속 현실 세계와 매우 흡사하다.

여기에 이주노동자, 탈북자, 신용불량자, 성 노동자, 여자, 노인 등 가진 자에 의해 하찮게 죽임을 당하는 다양한 유형의 소수자들, 그리고 그들을 대표해 유일한 생존자 '성기훈'(이정재 분)이 다시 게임에 자발적으로 참여하여 복수를 꿈꾸는 결말까지 〈오징어 게임〉은 가장 전형적인 한국적 세계관과 한국적 캐릭터들의 향연을 보여준다.

하지만 대중예술로서 〈오징어 게임〉의 차별점은 한국적 세계관 구축에 있지 않다. 오히려 그것은 K-드라마의 자가복제란 측면에서 얼마 지나지 않아 흠이 될 가능성이 농후하다. 〈오징어 게임〉의 가치는 K-세계관 재현이 아닌 그것의 근원을 되짚을 수 있는 성찰의 지점을 만들었다는 점에 있다.

세계관의 근원

〈오징어 게임〉에서 사용되는 게임은 모두 '어린 시절' 누구나 해봤을 법한 놀이다. 즉, 게임 참여자들이 하는 모든 데스 게임은 이 세계가 어떻게 시작되었고 어떻게 유지되고 있는지, 즉 그것의 근원을 탐구하기 위함이라는 것을 암시한다. 첫 번째 게임인 '무궁화꽃이 피었습니다'의 술래가 옛날 교과서에서 주요 등장인물이었던 '영희'라는 것은 상당히 의미심장하다. 천진난만한 얼굴로 사람들을 무자비하게 죽이는 영희. 바로 그 영희가 한때는 모든 '국민학생'들의 다정한 '깐부'였단 사실을 기억하는 사람은 많지 않다.

곰곰이 생각해보면 극 중 456명의 참가자가 참여한 게임 세트장 또한 우리가 다니거나 다녔던 학교를 연상시킨다. 알록달록한 색감의 건물, 그 안에서 벌어지는 하나의 목표를 향한 치열한 생존 게임. 그렇게 우리는 학창 시절부터 연대보다는 경쟁을 학습하고 만인에 대한 만인의 투쟁을 내면화한다. 결국 우리가 사는 세상은 성기훈 개인의 힘으로 바꿀 수 있는 성질의 것이 아니다. 우리는 모두 참가자이면서 피해자인 동시에 가해자다. 그리고 유일한 생존자다.

그리하여 모든 사람의 죽음을 딛고 혁명가의 삶을 선언한 '성기훈'은 성기훈이면서 성기훈이 아니다. 성기훈이란 이름의 '강새벽'이며 '알리'이며 '조상우'다. 세상을 변화시키는 것은 우리 모두의 몫이며 우리 자신이 바뀌지 않으면 세상은 절대 변하지 않는다. 이러한 엄중한 진실을 〈오징어 게임〉은 시즌 2 제작 가능성을 통해 다시 한번 강조한다.

세계관의 절정

또 하나의 2021년 화제작이자 문제작인 넷플릭스 오리지널 시리즈
〈D.P.〉의 배경이 되는 군대는 〈오징어 게임〉의 데스 게임장의 모태가
되는 학교와 상당히 유사하다. 군대와 학교는 하나의 독립된 세계로
자기만의 논리와 시스템이 별도로 존재한다. 그리고 그것은 하나의
공식적인 룰로서 강제성을 가진다. 가르침을 주고받고, 지시를 내리
고 받는, 수직적인 관계 위에 형성된 폐쇄적인 사회. 구조적 서열화를
주요 모티프로 한다는 점에서 〈D.P.〉 또한 한국적 세계관을 사실적으
로 구현해낸 또 한 편의 K-드라마다.

〈오징어 게임〉에서 '교육 현장' 학교를 배경으로 은유적으로 표현
되었던 세계의 순환적 생산력은 〈D.P.〉에서 군대 안 폭력의 대물림으
로 재현된다. 하지만 〈D.P.〉에서 중요한 것은 약육강식의 피라미드 안
에서 폭력의 피해자가 가해자로 '자연스럽게' 이동한다는 점이다. 이
병이 일병이 되고 일병이 상병이 되고, 상병이 병장이 되고…. 이전 게
임의 유일한 생존자 한 명이 게임 진행의 역할을 맡아 체제 유지하는
데 일조했던 〈오징어 게임〉과 달리, 〈D.P.〉는 극 중 모든 등장인물이
시간이 흐르면 자동으로 상위 계층으로 이동하면서 그 체제의 수호자
가 된다는 점에서 문제의 심각성은 더욱 두드러진다.

〈D.P.〉는 데스 게임의 형식을 차용한 〈오징어 게임〉보다 훨씬 더 비

극적인 현실 인식을 토양 삼아 무한 확장하는 K-세계관을 완성해낸다. 그렇게 약육강식의 생태계는 뿌리 깊은 자생력에 의해 영원한 생명력을 부여받는다. 〈D.P.〉에는 〈오징어 게임〉의 '성기훈'처럼 피의 복수를 계획하는 히어로가 등장하지 않는다. 대신 견고한 세계의 빈틈을 노려 탈영하는 사람들이 가끔 존재할 뿐이다.

세계관의 균열

〈D.P.〉는 탈영병을 잡는 군무이탈 체포조의 이야기를 다루지만 그 과정은 스릴과 박진감이 넘치기보단 애틋함과 공감, 그리고 연대의식으로 가득 차 있다. 그들이 추적하는 것은 탈영병이 아니라 그들이 이탈할 수밖에 없는 부조리한 세계의 민낯이다. 군무이탈 체포조로 활동하는 두 주인공은 각기 다른 방식으로 견고한 세계에 균열을 만들기 위해 노력한다. 큰 댐도 작은 구멍으로 무너진다고 하지 않았던가.

　'안준호 일병'(정해인 분)은 선임병이 되고 나서 후임병들을 구타하거나 괴롭히지 않는다. 오히려 문제 상황이 발생했을 시 강력하게 저항하며 물리적인 충돌도 불사한다. 어린 시절부터 어머니가 아버지에게 심하게 맞는 걸 보고 자란 그는 강자가 약자를 유린하는 약육강식의 세계에 본래적 혐오감을 가지고 있다. 폭력의 악순환을 끊고자 하는 그의 작은 움직임은 번번이 제지당하고 때로는 더 큰 위기를 불러온다. 하지만 시스템의 부당함에 이의를 제기한다는 점에서 사회 변화의 가능성을 열어두기에 충분하다.

안준호 일병이 직접 부딪혀 문제를 해결하려 한다면 또 한 명의 디피 '한호열 상병'(구교환 분)은 한발 물러나 에두르는 방식으로 문제의 심각성을 완화하고 당사자들 간의 긴장을 완화한다. 정면 돌파에 따른 피해 상황을 최소화하는 나름의 전략인 것인데, 위기에 대처하는 그의 방식은 유머와 위트를 겸비한 중재자로서 상황이 악화하고 세계가 경직되는 것을 방지하는 데 혁혁한 공을 세운다.

무엇보다 한호열 상병은 K-세계관에서 보기 드물게 주체성을 승인받은 '갑'의 신분이라는 점에서 그 존재감이 남다르다. 한호열은 군대 안에서 상병이면서 군대 밖에서는 중산층 가정 출신으로 힘의 피라미드에서 상대적 우위를 차지한다. 그는 '사회적 을' 출신 안준호 일병과 탈영병을 잡는 과정에서 갑과 을의 상호연대를 형성함으로써 위에서 시작되는 세계관 전복의 꿈을 꾸게 한다. 그렇게 우리 모두에게 정서적 파문을 일으킨다.

군대를 다녀왔든 아니든 갑이든 을이든 드라마를 본 사람은 모두 함께 분노하지 않았던가. 한호열은 그동안 방관자로 머물러 있던 불특정 다수의 대중을 책임감 넘치는 '시민'의 이름으로 소환하고, 갑과 을이기 전에 우리 모두 똑같은 사람이란 걸 뜨겁게 일깨워준다. "호랑이 열정" 한호열. (2022. 1.)

아름답고 단단한 비극의 역사

– 애플 TV+는 왜 드라마 〈파친코〉를 선택하였을까

어떤 드라마는 방영되기 전부터 이미 유명세를 치르고 입소문이 나기도 한다. 애플 TV+가 제작한 드라마 〈파친코〉에 대한 이야기다. 넷플릭스와 디즈니 플러스가 OTT 양대 산맥으로 자리한 가운데 한참 늦은 후발주자로 나선 애플 TV+가 자그마치 천억을 제작비로 투자한 작품, 그것이 바로 드라마 〈파친코〉다. 유튜브로 무료 공개한 첫 회는 일주일 만에 조회수 600만을 기록하며 OTT 통합 순위 1위를 차지하였다. 첫 회 시청률(혹은 조회수)이 드라마에 대한 실제적인 평가가 아닌 앞으로의 기대를 반영하는 것이라는 점을 감안했을 때 〈파친코〉는 이미 그 존재만으로 전 세계가 주목하는 글로벌 문화콘텐츠로 등극한 셈이다.

〈파친코〉는 미드인가 한드인가

지난 봄. 드라마 〈파친코〉의 흥행 청신호에 제작사인 애플 TV+ 못지
않게 한국 시청자들도 한껏 고무된 듯하였다. 〈오징어 게임〉 이후 세
계적인 흥행 돌풍이 또 한 번 부는 것이 아닌가 하는 행복한 예감 덕분
이다. 그런데 많은 한국 시청자들이 〈파친코〉를 보는 내내 오묘한 기
분에 사로잡힌다. 이것은 한국 드라마인가 미국 드라마인가. 선뜻 드
라마의 국적을 규정짓기 어렵다.

드라마의 주요 출연진이 아카데미 여우조연상을 수상한 배우 윤여
정과 K-로맨스의 대표 배우 이민호라는 점에서 '한드'에 마음이 가더
라도 세계적인 OTT 기업 애플 TV+가 직접 투자·제작·배급을 맡았
다는 점에서 다시 '미드'로 마음이 기운다.

드라마 밖이 아닌 안을 살펴봐도 마음의 결정을 내리기는 여전히
어렵다. 〈파친코〉는 한국계 미국인 이민진 작가의 소설 『파친코』가 원
작이다. 일제강점기에 부산을 떠나 일본에 정착하고, 미국으로 이주
한 한국인 4대의 역경이 주요 스토리다. 드라마의 원형이라 할 수 있
는 원작자와 원작의 공간적 배경이 한국과 일본, 그리고 미국에 넓게
걸쳐 있다. 한국의 근현대사를 다루고 있다는 점에서는 지극히 한국

적이지만 한민족의 이민사를 다루고 있다는 점에서 온전히 한국적이라고 하기엔 무리가 따른다.

드라마 〈파친코〉는 작품 안팎과 관련해서 모두 경계에 있는 혹은 경계를 넘어서는 작품이다. 드라마에서 공간의 전환을 알리는 자막도 세 개의 언어로 나온다. 영어, 한자, 그리고 한국어. 한국어를 제일 뒤에 배치한 점에서 〈파친코〉는 한국 배우가 등장하고 한국의 역사를 다루고 있지만 한국과 한국인만을 타겟으로 제작된 것이 아니라는 것을 짐작할 수 있다. 결국, 〈파친코〉에 내재한 경계성은 국적의 불확실성이나 애매성이 아닌 국적의 무의미성 혹은 무국적성에 대한 새로운 가치 부여라고 해석할 수 있다. 〈파친코〉는 〈파친코〉다. 그 이상도 그 이하도 아니다. 그저 '드라마'일 뿐이라는 선언이다.

K-드라마와 브랜드 'K'

OTT의 생존경쟁이 치열해진 상황에서 OTT는 자기만의 색깔을 뚜렷하게 보여줄 수 있는 콘텐츠를 자체 제작하여 대중들 앞에 내보낸다. 2018년 넷플릭스는 OTT계의 선두플랫폼답게 당시에는 다소 낯선 장르였던 인터랙티브 콘텐츠에 도전하였다. 넷플릭스 오리지널 시리즈 〈블랙미러〉 시즌 5 중 한 편인 〈밴더스내치〉는 콘텐츠 자체에 대한 호불호를 떠나 넷플릭스가 OTT 업계를 주도하는 리딩 브랜드임을 확고히 하는 데 크게 기여했다.

그렇다면 애플 TV+는 왜 일제 시대를 배경으로 한 한국 시대극을 자기들의 오리지널 시리즈로 선보였을까. 〈파친코〉는 한드인지 미드인지 명확히 규정짓긴 어렵지만 분명 대중들이 보기에는 '한국 드라마'로 인식할 소지가 다분하다. 즉, 애플 TV+는 브랜드 'K'를 표방한 오리지널 시리즈를 제작하여 전 세계 콘텐츠 시장을 공략한 셈이다.

〈오징어 게임〉의 세계적인 성공 이후 한국 드라마의 글로벌 신한류 열풍을 분석한 글이 쏟아져나왔다. 그리고 대부분 글은 사회적 이슈를 모티프로 활용하여 현실을 반영한 점을 한국 드라마의 성공 요인으로 지목하였다. 하지만 한국을 포함한 많은 나라들도 꾸준히 사회 불평등과 불공정에 관한 문제의식을 다룬 드라마를 제작해왔다. 부조리한 현실 반영과 시대 담론을 한국 드라마 특유의 성격으로 보기는 어렵다. 그렇다면 왜 한국 드라마의 임팩트가 유독 큰 것일까. 그 점에 주목해볼 필요가 있다.

K-드라마 안 한국은 갑과 을의 수직적 세계관에 관한 비판적 현실 인식과 전복적 상상력을 기반으로 민주주의 가치를 가장 역동적으로 실현하는 나라다. 그리고 K-드라마 밖 한국은 일제 식민지, 한국 전쟁, 군부 독재 정권 등 많은 역경과 고난을 경험하고 그것을 스스로 극복해온 저항의 역사를 가진 나라다. 중심이 아닌 주변부가 세상을 구원하는 세계를 우리는 K-드라마의 안과 밖에서 함께 목격하고 있는

것이다. 그리고 그 감동은 K-드라마를 보는 전 세계 사람들에게 깊은 공감을 자아낸다.

　전 세계 드라마 시청자들에게 'K'는 단순히 한국이란 나라를 의미하지 않는다. K는 한국 안에 내재한 저항의 역사, 즉 현실과 역경에 굴복하지 않고 보다 나은 세상을 만들겠다는 강한 의지를 상징한다.

한국의 'K'에서 'K'의 한국으로

브랜드 'K'의 핵심은 아름답고 단단한 비극의 역사, 즉 저항의 역사다. 드라마 〈파친코〉가 그려낸 것 또한 한국의 'K'가 아닌 'K'의 한국이다.

　드라마 〈파친코〉의 주인공 선자는 여자라는 이유로, 식민지 조선인이란 이유로 무시당한다. 하지만 그녀는 무식하고 가난하다고 무시해서는 안 되는 거라고 당당하게 말할 줄 아는 식민지 조선의 여자다. 일본으로 건너가 성공한 조선인 한수가 일본 오사카가 얼마나 번화했는지 세계 지도를 그려가며 자랑하듯 말하자 선자는 "우리도 겁낼 필요가 없겠네요, 이길 수 있겠네요"라고 당당하게 말한다. 주눅 드는 기색하나 없는 선자를 보고 한수는 감탄하듯 혼잣말을 한다. "이 나라가 이렇게 멋진 줄 잊고 있었네."

　극 중 선자는 한 명의 조선인인 동시에 조선이란 작은 식민지 나라, 나아가 핍박받는 세상 모든 작은 것들의 은유로 그려진다. 일본도 마찬가지다. 조선을 핍박하는 일본 제국주의는 가해자 일본의 얼굴인 동시에 전 세계에 짙은 그늘을 만들었던 세계 제국주의의 얼굴이다. 그런 점에서 드라마 〈파친코〉는 일본 강점기의 조선인 순자의 이야기이면서 역경과 고난을 이겨낸 인간의 의지와 존엄성에 대한 보편적인 이야기로 읽힌다.

드라마 〈파친코〉를 보다 보면, 한국의 슬픔과 고통의 역사가 세계의 슬픔과 고통의 역사로 확장되고 전 세계가 공감과 연대의 공동체가 되는 경이로운 순간을 맞이한다. 그리고 "그럼에도 불구하고 한국인들은 견뎠다." 드라마의 첫 대사는 드라마를 시청하는 모든 이들에게 깊은 울림을 준다. 한국인의 자리에 나, 너, 그리고 그 누구를 대입해도 마음에 큰 파장이 일기 때문이다.

심지어 그 빈칸에 세계적인 기업 애플을 넣어도 작은 울림이 생겨난다. 넷플릭스 독과점 상태인 OTT 시장에서 후발주자인 애플 TV+의 미비한 존재감은 소수자와 다름없다. 마치 유럽과 미국이 걸었던 근대화의 길을 가장 늦게 뒤쫓은, 그래서 패권주의와 약육강식의 질서에 시달리며 소수자의 절박한 인정투쟁을 절감한 지난 세기의 한국이 연상되는 것, 그것 또한 애플 TV+의 빅 픽처가 아니었을까 하는 의구심이 들 정도다.

그리하여 애플 TV+가 선택한 것은 '한국 드라마'도 〈파친코〉'도 아니다. 한국의 역사가 가진 문화 영향력, 바로 저항과 변화, 그리고 새로움으로 이어지는 'K'란 이름의 브랜드다. 이것이 바로 아시아에서 막강한 콘텐츠 장악력을 가진 일본 홍보를 포기하면서까지 드라마 〈파친코〉 제작을 감행했던 애플 TV+의 자본주의적 진정성이다. (2022. 9.)

K-드라마가 꿈꾸는 K-정치Politics

– 〈고요의 바다〉를 중심으로

─────────

넷플릭스 오리지널 시리즈 〈고요의 바다〉는 가까운 미래를 배경으로 물 부족에 시달리게 된 지구인들이 물을 대신할 '월수'를 찾아 달에 버려진 연구기지로 떠났다가 겪게 되는 일들을 다룬 SF드라마다. 전 세계 물 부족 현상이라는 기발한 상상력을 기반으로 했다는 것이 드라마의 관전 포인트다. 하지만 지구 위기라는 설정 자체만 두고 봤을 때 미국영화 〈어벤져스〉 시리즈를 포함한 영미권 영화와 드라마에서 자주 보던 것이어서 그다지 새롭지는 않다.

〈고요의 바다〉에서 주목할 것은 세계 공통의 문제가 아니라 그것을 해결하는 방식이다. "우린 다음 세대에게 뭘 줄 수 있을까." 연구기지로 떠난 한국인 대원이 내뱉는 이 대사는 이제 한국이 아시아의 작은 나라가 아닌 세계 속의 한국으로 활동 무대를 넓혔다는 걸 실감하게 해준다. 〈고요의 바다〉는 여기서 한 걸음 더 나아가 기존의 할리우드식 영웅 서사와는 다른 K-정치론을 제시한다. 같은 문제 상황이라도 그것에 대처하는 태도가 미국 드라마와 한국 드라마는 완전히 다르다.

수직적 수혜에서 수평적 공유로

〈고요의 바다〉에서 한국은 월수 샘플을 확보하기 위해 달에 있는 연구기지로 정예 요원을 파견한다. 극 중 월수는 전 세계 물 부족을 해결할 수 있는 유일한 키로 등장하는데, 얼마 지나지 않아 위험한 속성을 가지고 있음이 밝혀진다. 월수는 약간의 월수를 가지고 엄청난 물을 생산해낼 수 있다. 문제는 그 과정에서 인간과 접촉해서 그 인간의 생명을 빼앗을 때까지 증식한다는 것이다. 즉, 월수는 인간의 몸을 숙주 삼아 증식하는 물이다.

월수의 양면성을 알게 된 드라마 속 한국인 대원들은 고민에 빠진다. 월수를 확보하면 물 부족을 해결할 수 있고, 그 힘을 담보 삼아 한국은 전 세계에 엄청난 영향력을 행사하는 강대국이 될 수 있다. 하지만 그것은 평등한 관계의 공유나 나눔이 아니라 수직적 수혜의 형식을 가질 수밖에 없다. 그 모든 것이 누군가의 희생을 전제로 해야 하기 때문이다.

한국과 한국 드라마의 선택은 과연 무엇일까. 〈고요의 바다〉에서 한국인 대원들은 월수 샘플을 확보하기 위해 달에 있는 연구기지에 파견되는데, 그 연구기지의 이름이 바로 '발해'다. 2075년의 미래 한국인은 왜 지구 위기를 해결하기 위해 '발해'로 떠난 것일까. 발해는 한국 역사에서 매우 독특한 지점을 차지한다. 한국은 단일민족을 강조하며 줄곧 하나의 국가 정체성을 통해 결속력을 다져왔다. 이에 반해 발해는 고려인을 비롯한 다양한 민족이 힘을 합해 세운 다민족국가다. 여러 민족이 가진 장점을 모두 흡수하여 문화적으로 매우 풍요로웠다고 전해진다.

〈고요의 바다〉에서 연구기지에 파견된 한국인 대원들은 우여곡절 끝에 월수 샘플을 확보하지만 한국이 아닌 국제 우주연구소로 발길을 돌린다. 철저한 중립 지역에서 연구해야만 누군가 월수를 독점하는 것을 막을 수 있기 때문이다. 인류를 하나의 운명공동체로 간주하고 상호 존중과 협력을 통해 함께 위기를 극복하기로 '선택'한 것이다.

코로나 팬데믹 이후 국가 간 구분이 무의미해지고 인류 전체는 생사를 함께 논하는 하나의 공동체가 되었다. 초국경 공생사회로 나아가는 글로벌 시대에서 발해는 지금 여기의 우리에게 오늘날의 다문화사회와 세계시민 의식에 기반한 미래사회를 지탱해주는 희망의 증거로서 작동한다.

성과 중심에서 과정 중심으로

〈고요의 바다〉는 세계를 대표해 지구를 구원하는 할리우드 히어로들과 다른 행보를 통해 새로운 유형의 영웅 출현을 예고한다. 주인공의 국적을 단순히 미국에서 한국으로 바꾼 것만이 아니다. 을에서 갑으로 권력의 단순한 이동은 갑과 을로 구성된 불합리한 구조를 근본적으로 해결하지 못한다. 이때 중요한 것은 갑과 을의 수직적 관계를 해체하여 억압과 핍박의 악순환을 끊고 자신이 서 있는 자리를 또 하나의 중심으로 만드는 것이다. 누군가를 또 다른 을로 소외시키지 않고 모두가 중심이 되고 갑이 되는 세상, 그리하여 갑과 을의 구분 자체가 무의미해지고 각자 독립적인 의식과 목소리를 지닌 주체가 되는 다성성(多聲性)의 사회를 지향하는 것이다.

흥미로운 점은 〈고요의 바다〉에서 다성성은 목적이 아닌 과정이라는 점이다. 극 중 월수 샘플 확보를 위해 발해 연구기지에 파견된 한국인 대원들은 과거 이곳에서 인간이 월수에 어떻게 반응하는지 연구하기 위해 복제인간을 대상으로 생체실험이 진행되었다는 사실을 알고 경악한다. 그리고 그 사건을 은폐하기 위해 당시 파견된 연구원들이 집단 죽임을 당했다는 사실 또한 뒤늦게 밝혀진다. 〈고요의 바다〉는 월수 샘플 확보 이후에 펼쳐질 스펙터클한 영웅담에 아무런 관심을 두지 않는다. 오히려 그 과정을 역으로 찬찬히 되짚으며 목표 달성을 위한 수단과 방법의 정당성 여부를 꼼꼼하게 점검한다.

그동안 할리우드 영화와 영미권 드라마는 전지전능한 해결사 히어로를 등장시켜 결과 중심의 영웅 서사를 선보였다. 하지만 〈고요의 바다〉는 K-드라마 특유의 비판의식을 내세워 과정 중심의 성장 서사를 전개해나간다. 무엇보다 우리가 주목할 것은 성장의 계기가 다른 국가와의 경쟁이나 전쟁과 같은 외부적 요인이 아닌 내적 갈등, 즉 내 안의 자아 성찰과 자기비판이라는 점이다.

잔혹한 생체실험과 폭력적 사건 은폐는 기득권을 가진 사회지도층에 의한 문제 상황이다. 하지만 그들을 사회지도층으로 규정한 것은 갑과 을의 이분법적인 세계관의 분류법에 따른 것이다. 물 부족이 세계 공통의 문제라는 측면에서 볼 때 그들은 계급상 갑이기 이전에 세계 속 한국인으로 '우리'의 얼굴을 비추는 거울로 작동한다. 즉, 문제 인물은 또 하나의 '나 자신'이다. 문제의 시작은 바로 '나'라는 인식의 단계까지 〈고요의 바다〉는 집요하게 나아간다.

세상의 변화에서 나의 변화로

안으로 향하는 날카로운 비판의 시선과 함께 〈고요의 바다〉는 '나'로부터 시작되는 자정(自淨)의 의지를 명확히 드러낸다. 극 중 연구기지에 파견된 우주 생물학자 송지안 박사(배두나 분)는 발해 연구기지 책임연구원의 여동생이라는 이유로 탐사 요원으로 발탁된다. 금지된 생체실험을 진행한 언니의 과오를 폭로하지 못할 거라는 상부의 판단에 의한 것인데, 이 모든 예상을 뒤집으며 송지안 박사는 사건의 진실을 파헤치고 그것을 바로잡는 데 주도적인 역할을 담당한다.

한윤재 탐사 대장(공유 분)도 마찬가지다. 그는 등급에 따라 일상생활의 모든 레벨이 결정되는 계급사회에서 딸의 치료를 위해 월수 확보 미션에 참여한다. 딸을 향한 그의 애절한 마음은 월수의 한국행을 압박하는 상부에 의해 악용되는데, 그럼에도 그는 월수 샘플을 한국이 아닌 국제 우주연구소로 가져가기로 결심한다. 그리고 이를 위해 자신의 목숨까지 희생한다.

극 중 송지안 박사와 한윤재 대장은 자매애와 부성애 즉, 그동안 한국 드라마에서 자주 사용되었던 가족애를 통해 드라마 초반 갈등 상황을 감정적으로 해소하고 봉합하는 역할을 담당할 것처럼 그려진다. 특히 그들의 가슴 아픈 가족사는 연구기지 안에서 벌어졌던 사건을 은폐하려는 한국의 사회지도층에 의해 유독 강조된다. 이러한 두 사람의 전사(前史)는 최근 K-드라마의 특장점으로 주목받는 'K-신파'와 연결되어 그들의 공적 선택을 사적 영역으로 끌고 와 정서적 면죄부를 부여할 수 있다는 여지를 남겨준다. 하지만 두 사람은 결국 가족이 아닌 인류, 가족애가 아닌 인류애를 선택한다.

휴머니즘과 신파는 정서적인 감흥을 일으킨다는 점에서는 유사하다. 하지만 그 결과의 영향력이 사적인가 공적인가에 따라 상반된 성향을 띈다. 무엇보다 〈고요의 바다〉에 나타난 휴머니즘은 자기비판의 결과로서 도출된 공공성의 발현이라는 점에서 영웅주의와 긴밀하게 연결된 할리우드식 휴머니즘과 차별된다. 두 사람의 선택은 세상의 변화는 '나의 변화'로부터 시작된다는, 아시아의 작은 나라 한국의 '전 지구적인 반성문'인 동시에 '미래지향적인 출사표'라고 할 수 있다.

사적 영역에서 뜨거운 심장으로 세상을 바꾸던 다크 히어로의 시대를 지나 이제 우리는 공적 영역에서 보다 체계적이고 건설적인 비전을 구상할 때가 되었다. 그리고, 시대가 요구하고 시대가 필요로 하는 그 새로운 반환점을 한국 드라마 안에서 목격할 수 있다. 〈고요의 바다〉는 K-드라마가 꿈꾸는 K-정치(Politics)에 대한 고민을 치열하게 담아낸 웰메이드 작품이다.

다성성의 세계로의 긴 여정

〈고요의 바다〉는 넷플릭스 공개 당시 '달을 공간적 배경으로 삼은 한국 최초의 SF 드라마'라는 타이틀 덕분에 큰 화제를 모으며 넷플릭스 세계 랭킹 3위에 올랐다. 하지만 얼마 지나지 않아 외신들이 '한국의 실패작'이라는 혹평을 연이어 쏟아내며 사람들의 관심 밖으로 밀려났다. 국내에서는 '느린 전개'에 대한 불만과 함께 〈오징어 게임〉에

못 미치는 흥행 성적에 대한 비교가 유독 많았다.

〈오징어 게임〉의 세계적 성공 이후 모든 기준점이 〈오징어 게임〉이 되었다. 과연 〈오징어 게임〉은 좋은 드라마일까. 만약 좋은 드라마라면 왜 그런 것이고, 그렇지 않다면 왜 그렇지 않은 것일까. 이때 중요한 것은 옳고 그름에 관한 하나의 인식 틀로서 공통의 드라마론을 만드는 것이 아니다. 오히려 그 반대다.

사람마다 제각각 다른 드라마론을 갖고 자기만의 시선으로 드라마를 감상하는 것. 백 명의 사람이 있다면 백 개의 드라마론이 있고 백 개의 드라마 향유 방식이 존재하는 것, 그렇게 서로 다름이 존중받고 평화롭게 공존하는 다성적 세계가 드라마 안팎으로 우리가 꿈꾸는 이상사회의 모습이다.

〈오징어 게임〉이 심플한 이야기의 힘으로 빠른 전개를 특장점으로 내세운다면 〈고요의 바다〉는 그와 대척점에서 정교한 사유와 비판적 성찰을 토대로 '느림의 미학'을 설파한다.

〈오징어 게임〉을 비롯한 수많은 K-드라마가 갑과 을의 수직적 세계관 안에서 을의 혁명을 통해 사회 변혁을 꿈꾼다. 이는 코로나 팬데믹 이후 빈부 격차 심화와 계급 갈등 악화와 맞물려 전 세계적인 공감과 호응을 끌어내며 한국 드라마를 세계 정상에 올려놓았다. 그리고 세계 정치 지형에서 아시아의 작은 나라 한국이 차지한 위치와 맞물려 큰 감동을 불러일으켰다.

하지만 〈고요의 바다〉는 한국 드라마가 세계 정상에 오른, 성공 그 이후의 이야기에 주목한다. 을에 의한 세계 전복이 이루어진 그 새로운 세계는 어떤 모습이어야 하는가. 세계 변혁에 성공한 '을'은 과연 어떤 '갑'의 모습이 되어야 하는가. 그리고 갑과 을의 관계는 어떻게 되어야 하는가. 〈고요의 바다〉는 서사 전략의 일환으로 '느림'을 선택함으로써 드라마를 감상하는 사람들에게 다성성의 사회로 나아가는 과정을 차근차근 꼼꼼하게 성찰하길 요구한다.

〈고요의 바다〉의 목표는 빠른 문제해결이 아니라 그것을 어떻게 해결하는가, 그 과정을 함께 고민하고 만들어가는 데 있다. 시즌 2가 제작되어야 하는 까닭도 그 때문이다. 〈오징어 게임〉 이후 K-드라마가 다루어야 할 주제는 더 이상 그 이전과 동일할 수 없다. 이제 우리에게는 '그 이후의 이야기'가 필요하다. 그리고 그 이야기에 귀 기울일 줄 아는 '느림'의 태도 또한 필요하다. (2022. 2.)

K-세계관과 맨몸 서바이벌의 본질

'아아'는 또 하나의 계급이다

1999년 스타벅스 한국 1호점이 이화여대 앞에 생길 때만 해도 커피는 취향과 감각의 표현이었다. 원두의 원산지는 어디이며 산미와 풍미는 어떠한지가 커피 시음의 주요 포인트였다. 2007년 화제의 드라마 〈커피 프린스 1호점〉의 주조연이 모두 바리스타란 직업을 가진 것도 커피라는 새로운 '구별짓기'에 대한 관심에서 비롯되었다.

2023년 '지금 여기'의 커피는 어떠한가. 우리는 매일 스타벅스에 간다. 그곳에서 친구와 대화를 나누고 인강을 듣고 업무 미팅을 한다. 그리고 그 사이사이 커피를 마신다. 커피는 더 이상 바리스타의 전문적인 손길에 의해 제조되는 '고급 기호식품'이 아니다. 특히 '얼죽아'를 고집하는, 추운 겨울에 얼어 죽어도 아이스 아메리카노를 마시는 Z세대에게 커피는 테이크아웃 전문매장에서 990원에 파는 값싼 각성제일 뿐이다.

일명 '생명수'라고 일컬어지는 Z세대의 '아아'는 한 잔에 20온스(591ml)다. 성인 팔뚝만 한 텀블러에 커피를 테이크아웃하는 20대의 모습을 대학가에서는 흔히 볼 수 있다. 박카스 대신, 그들은 고(高)카페인의 '아아'를 마신다. 그렇게 잠을 깨우고 그들 안의 희망과 절망을 깨운다. 591ml당 990원. 편의점에서 파는 참이슬소주 한 병(360ml)이 1,300원이라는 걸 감안했을 때 Z세대에게 '아아'는 값싸게 마실 수 있는 '서민' 소주보다 더 지독한 커피 한 잔의 현실이다.

아아 권하는 사회와 드라마 〈더 글로리〉

현진건의 소설 『술 권하는 사회』(1921)에서 만취해 돌아온 남편에게 아내는 누가 이렇게 술을 권했느냐고 묻는다. 남편은 푸념하듯 대답한다. "이 사회란 것이 내게 술을 권했다오!" 그렇다면 2023년 대한민국은 무엇을 권하는 사회인가. 바로 '아아(아이스 아메리카노)'다. 학벌 불문, 직업 불문. 성별 불문. Z세대는 고카페인 '아아'를 마신다. '아아' 권하는 사회. 누가 그들을 '아아'에 만취하게 하는가. 무엇이 그들을 24시간 깨어 있게 하는가.

코로나 팬데믹 이후 만성화된 절망이 디폴트값이 되어버린 Z세대에게는 얼어 죽어도 '아아'를 고집할 수밖에 없는 이유가 있다. 그들이 느끼는 추위는 '몸'이 아닌 '맘'에서 비롯된다. 육체의 추위는 영혼이 느끼는 겨울의 체감 온도와 비교하면 사소한 투정에 불과하다.

대한민국의 Z세대는 어떤 세상을 보고, 어떤 세상을 살고 있을까. 2023년 새해 최고의 화제작 〈더 글로리〉. 지난해 12월 30일 공개되자마자 국내 넷플릭스 순위 1위에 오르고 얼마 지나지 않아 누적 시청 시간 1억을 돌파하며 글로벌 비영어권 TV 부문 1위를 차지한 넷플릭스 오리지널 시리즈. 드라마는 학교 폭력으로 영혼까지 망가진 여고생이 18년을 기다려 치밀하게 준비한 복수극을 다룬다.

최근 몇 년 사이 학교 폭력에 대한 문제의식이 높아진 만큼 학교 폭력을 소재로 하는 드라마가 쏟아지듯 많이 나오고 있다. 그중에서도 〈더 글로리〉는 단연 돋보인다. 학교 폭력을 다룬 작품들은 대체로 가해자를 향한 피해자의 분노가 육체적으로 표현된다. 죽이거나 때리거나. 그런데, 〈더 글로리〉는 다르다. 학교 폭력이 육체와 영혼을 갉아먹듯 복수도 육체와 영혼을 둘 다 겨냥한다. 자신이 받은 고통의 원금에 복리 이자까지 붙여 몇 배로 돌려준다. 드라마 속 Z세대의 계산법은 기성세대의 대차대조표를 능가한다. "눈에는 눈, 이에는 이로, 파상은 파상으로, 때린 것은 때림으로 갚을지니…. 글쎄…. 그건 너무 페어플레이 같은데요. 여러분."

극 중 학폭 피해자 문동은은 가해자 박연진이 가진 모든 것을 다 빼

앗아 없애는 치밀한 심리 복수극을 펼친다. 이보다 시원한 사이다 맛 복수는 없다. 하지만 〈더 글로리〉를 3인칭 전지적 시청자가 아닌 1인칭 주인공 문동은의 시점에서 보면 전혀 다른 실감으로 다가온다.

10대와 20대의 모든 시간을 제물 삼아 이루어낸 복수. 18년을 살아오는 동안 문동은에게 현재는 없었다. 오로지 고통의 과거만 반복 재생될 뿐이다. 극 중 문동은은 복수를 위해 학교 선생님으로서 보장받은 미래를 포기한다. 새로운 사랑도 거절한다. 행복을 향한 모든 가능성도 차단한다. 문동은에게 과거는 현재에도 미래에도 반복되는 돌림노래와 같다. 18살 여고생에게 주어진 극 중 설정값은 복수의 화신, 그 이상도 그 이하도 아니다.

과거와 복수로 내몰린 한국 드라마 속 Z세대에게 오늘은 없다. 어제의 오늘, 어제의 내일만 있을 뿐이다. 다른 듯 같은 삶을 매일 반복하는 과거에 갇힌 인생, 시간은 앞으로 나아가지 않고, 계속 같은 자리를 맴돈다.

폐쇄된 멀티버스와 드라마 〈재벌집 막내아들〉

'이번생은 망했다'는 의미의 '이생망'이란 말이 한때 유행한 적이 있다. 절망적인 현실에 대한 MZ세대의 자조적인 하소연이었다. 정의와 민주주의를 부르짖던 거대 담론의 시대가 저물고 각자도생(各自圖生)

의 거대한 파도 앞에서 M세대는 각자의 동굴로 들어가 삶의 의미와 자족감을 찾으려고 노력하였다. '소확행'. 소소하지만 확실한 행복. 월셋집에 살아도 하루 한 잔의 위스키를 포기할 순 없다. 미래가 없다면 오늘을 살면 그만이었다. 소확행과 더불어 현재의 행복을 중요시하게 여기는 생활방식을 가진 욜로(YOLO)족이 많은 주목을 받았다.

하지만 지금 여기의 '이생망'은 Z세대에게 다른 의미로 해석된다. 이번 생은 망했지만 다음 생은 망하지 않을 수 있다. 인스타그램이 발표한 〈Z세대가 바라본 2022 트렌드〉 조사 결과에 따르면 가장 주목받을 최신 인터넷 트렌드는 메타버스다. 나의 선택과 결정에 따라 나의 삶과 내가 사는 세상이 달라진다. 삶의 자유의지에서 발생하는 다중 세계, 그게 바로 멀티버스의 기본원리다.

같은 플레이를 반복하는 게임 콘텐츠 경험치가 다른 세대보다 현저히 높은 Z세대에게 드라마 속 N차 인생은 멀티버스에 사는 또 다른 '나'의 흥미진진한 패자부활전이다. 어차피 이번 생에서 미래가 없다면 다음 생으로 가면 되는 것 아닌가. 하지만 Z세대가 실제로 목격한 드라마 속 N차 인생은 우리가 아는 그 멀티버스와 다르다. 선택은 선택인데, 선택이 아니다. 그것은 선택지가 하나뿐인 제한된 선택이고 강요된 선택이다.

170여 개국에 판권이 판매된 2022년 화제작 〈재벌집 막내아들〉은 30대 재벌 비서가 살해당한 뒤 초등학생 재벌 3세로 다시 태어나 자신을 죽인 재벌 패밀리에게 복수하는 이야기를 다룬다. 겉보기에는 인생 2회차 재벌 3세의 화려한 판타지지만 자세히 들여다보면 초등학교 3학년 10살 소년이 자신을 죽인 범인과 한 집 안에서 지내며 20여 년의 시간 동안 복수를 준비하는 끔찍한 호러물이다. 어린이는 자라 어른이 된다. 하지만 Z세대는 자라지 않는다. 시간이 지나도 여전히 피해자다. Z세대가 마주한 멀티버스는 폐쇄된 멀티버스, 즉 과거가 무한반복하는 '타임루프'다. 미래는커녕 오늘조차 허락되지 않는 과거에 붙들린 삶이다.

Z세대의 정체성과 드라마 〈지금 우리 학교는〉

고카페인 '아아'는 무한반복의 타임루프를 버티게 하는 필수템이다. 모두가 잠든 밤에도 '나'는 깨어 있어야 한다. 생명수 '아아'는 마르지 않는 옹달샘처럼 한 잔에 990원 값싸게 공급되며 '나'를 깨어 있게 만든다. 결국, 이것은 선택이 아닌 '강요'이며 취향이 아닌 '계급'의 문제다.

그동안 고성장 시대를 구가했던 한국 경제는 중산층의 몰락과 계급의 양극화를 심화시켰다. 성장이 둔화되면서 신분 이동은 한층 어려워지고 경쟁은 더욱 치열해졌다. 갑과 을로 이루어진 이분법적인 세계는 드라마 〈오징어 게임〉을 필두로 K-드라마의 주요 배경이 되었다. 하지만 끝을 예측할 수 없는 저성장의 터널에 진입하면서 대한민국에서는 최초로 부모 세대보다 가난한 자식 세대가 탄생하였다. 그렇게 하나의 세대가 통째로 세계관의 바닥으로 수직하락하는 경험을 Z세대는 공유했다. 갑도 아니고 을도 아닌, 그 무엇의 등장이었다. 그들은 갑과 을로 이루어진 이분법적 세계, 그러니까 기성세대가 만든 계급제도 '밖'에 존재한다.

견고한 기득권 질서의 밖에서 Z세대는 뜬눈으로 밤을 지새운다. '열정페이'는 Z세대에게 주어진 불명예스러운 훈장이다. 공개 하루 만에 넷플릭스 랭킹 1위를 기록한 K-하이틴 좀비물 〈지금 우리 학교는〉(2022). 극 중 주인공 반장 최남라는 좀비에게 물리지만 좀비와 인간의 컨버전스인 '절비'가 된다. 인간의 삶은 끝났지만 절비로서의 삶이 또다시 시작된다. 그리고 모두가 떠난 학교에 혼자 남는다. "아직 할 일이 남았어." 죽어도 죽지 못하고, 살아도 산 것 같지 않은 죽음과 삶의 멀티버스에 갇힌 존재, 그래서 우리가 사는 세계 밖으로 추방된 존재, 그것이 바로 대한민국 Z세대의 정체성이다. "어른도 아니고, 애들도 아니고, 사람도 아니고, 괴물도 아닌 것과 같아."

누구도 가보지 못한 세계

섣부른 격려는 희망 고문에 불과하고 어설픈 연민은 무관심의 다른 말이다. 진보와 진화의 직선적 시간관에서 쫓겨나 그들이 유배당한 그곳은 지금까지 아무도 경험하지 못하고 누구도 가보지 못한 미지 (未知)의 세계다. 추방은 차별과 배제의 수단임이 분명하지만 자발적 추방은 자유와 해방이란 이름의 혁명이 될 수 있다. 보이지 않는다고 존재하지 않는 건 아니다. 어둠이 짙을수록 더 많은 별을 볼 수 있다. 준비 없이 저성장의 어두운 터널 안에 들어선 그들이 손에 든 '아아'는 각자의 작은 동굴을 밝히는 희미한 촛불이 될 수도 있고, 어두운 시대 를 밝히는 횃불이 될 수도 있다. 어쩌면 밤하늘에 수놓은 아름다운 별 이 될지도 모른다.

학벌 불문, 직업 불문, 성별 불문. 모두 '아아'를 높이 쳐들고 서로 다 른 현실과 모순 앞에서 천 개의 취향과 만 개의 감각으로 분투해야 한 다. Z세대라는 하나의 이름, 하나의 얼굴로 환원되고 수렴되지 않는 것, 그것이 바로 Z세대가 제일 먼저 스스로 지켜내야 할 자기 정체성 이자 사회구성원으로서 감당해야 할 권리이며 의무다. 스타벅스에서 마실 수 있는 커피음료만 해도 오십 개가 넘는다. 다른 제조 음료까지 포함한다면 그 수는 우리 예상을 훌쩍 뛰어넘는다. 2023년 꽃 피는 봄, 이제 자기 자신의 이름을 하나씩 기억해 불러야 할 때다. 블론드 바닐라 더블 샷 마키아또, 에스프레소 콘파냐…. (2023. 3.)

K-세계관의 붕괴와 맨몸 서바이벌

2025년 넷플릭스가 '넷플릭스 하우스'를 미국에 오픈한다고 해서 화제다. 넷플릭스 하우스는 〈기묘한 이야기〉〈위쳐〉와 같은 넷플릭스 오리지널 시리즈를 기반으로 한 복합 문화공간이다. 그중 〈오징어 게임〉은 방탈출 게임과 같은 오프라인 체험 공간으로 기획될 예정이라고 한다. 자, 여기서 주목. 〈오징어 게임〉은 세상의 많고 많은 콘텐츠 중에 왜 방탈출 게임이란 포맷으로 재탄생하는 것일까.

방탈출은 추리를 통해 방을 탈출하는 것을 목적으로 한다. 방 안에서 게임이 시작되는 순간, 모든 플레이어는 주어진 상황 속 단서만을 가지고 문제를 해결한다. 게임 밖에서의 직업과 학력, 경제 수준 등 외적인 요인은 문제를 해결하는 데 도움이 될 수 있지만, 직접적인 영향을 주진 못한다. 오로지 지금 여기의 '나'에만 의지해서 방을 탈출해야 한다. 제한된 시간과 제한된 공간에서 오직 '맨몸'으로 탈출해야 하는 서바이벌이 바로 방탈출 게임의 세계관이다. 현재 서울 홍대 및 강남을 중심으로 180개 이상의 방탈출카페가 Z세대의 열렬한 지지 속에 성업 중이다.

'맨몸' 서바이벌과 인간의 생존 지능

'맨주먹 세계관'의 최강자 배우 마동석이 주연을 맡은 영화 〈범죄도시 3〉가 천만 관객을 돌파하고, 두 명의 복서를 주인공으로 내세운 'K-액션물' 〈사냥개들〉이 넷플릭스 TV 시리즈 부문 세계 1위에 등극하였다. 그리고 최정예 특수부대 출신 예비역들의 '밀리터리 서바이벌' 프로그램 〈강철부대〉 시즌 3은 미국 해군 특수부대 네이비씰을 투입해 '밀리터리 액션' 세계관의 글로벌 확장을 이루어냈다. 2023년 올한 해 일어난 일이다. 과연 이것이 모두 우연의 일치일까.

　2023년 웨이브 신규 유료가입 견인 콘텐츠 1위 자리를 차지한 웨이브 오리지널 시리즈 〈피의 게임〉 시즌 2는 상금 3억 원을 두고 외부와 단절된 공간에서 최후의 생존자가 되기 위해 치열한 생존 경쟁을 벌이는 '맨몸' 서바이벌 예능 프로그램이다. 콘텐츠 공개와 함께 TV·OTT 콘텐츠를 통틀어 높은 화제성 지수를 기록하며 이탈리아,

핀란드, 노르웨이, 덴마크, 스웨덴 등 9개 국가에 포맷을 판매하였다.

〈피의 게임〉 시즌 2에는 운동선수, IQ 156 멘사 회원, 수능만점자인 서울대 의대생, 전 UDT, 포커플레이어, 서바이벌 모델 프로그램 우승자 등 각양각색의 스펙을 가진 14명의 출연진이 나온다. 남부러운 것 없는 고스펙의 그들은 '맨몸'으로 고립된 공간에 놓이고 그 안에서 생존하기 위해 치열하게 경쟁한다. 맨몸 서바이벌에서 중요한 것은 '생존 지능'이다. 생존 지능은 생존을 위해 경쟁자를 압도할 수 있는 그 모든 것의 총칭이다. 여기에는 경쟁과 배신, 음모와 계략, 심지어 무력도 포함된다. 지상파 방송에서는 보기 어려운 출연진들 간의 몸싸움도 등장한다. 전직 농구선수 출신 하승진과 전 UDT 출신 덱스의 갈등은 몸싸움으로 번지며 촬영 중단 위기를 초래하기도 했다. 물론, 시청자들의 반응은 그 어느 때보다 뜨거웠다.

최근 〈피의 게임〉을 비롯한 다양한 OTT 서바이벌 예능이 시청자들의 전폭적인 지지를 받으며 다수 제작되고 있다. 〈더 지니어스〉를 시작으로 〈대탈출〉, 〈여고추리반〉 등 추리 예능으로 독보적인 브랜드를 구축한 정종연 PD는 넷플릭스 오리시절 시리즈 〈데블스 플랜〉으로 글로벌 시청자에게 야심차게 출사표를 던졌다. 프로그램명에서 짐작할 수 있듯 〈데블스 플랜〉은 극강의 생존 지능을 요구하도록 설계되어 있다. 상금 2억 5,000만 원의 우승자 배우 하석진은 "의도한 연기로는 발견하지 못한 내 표정과 몸짓을 이번에 봤다"며 프로그램 자체가 "거대한 관찰 영상 자료"이자 "나란 인간의 교보재"라고 말했다. 인간 본성에 관한 존재론적 성찰과 더불어 극한의 상황에 내몰린 인간 군상의 다양성을 목격할 수 있는 점이 바로 맨몸 서바이벌 세계관이 가진 강력한 매력 포인트다.

그렇다면 왜 이렇게 우리는 '맨몸' 서바이벌에 열광하는 것일까. 왜 이렇게 누군가의 '생존법'을 연구하듯 열심히 관찰하는 것일까. 마치 맨몸으로 무인도에 남겨진 사람처럼, 맨몸으로 광야에 버려진 사람들처럼 말이다.

K-세계관의 붕괴

〈오징어 게임〉〈빈센조〉〈킹덤〉〈이태원 클라쓰〉〈D.P.〉…. 지난 몇 년 동안 글로벌 신한류를 이끈 K-드라마는 공통의 다섯 가지 공식을 공유한다. 첫째, 세계는 갑과 을의 수직적 관계를 토대로 형성된다. 둘째, 그 세계는 영원불변의 시스템이다. 셋째, 갑은 부정부패의 온상이자 악의 축으로서 사이코패스이거나 소시오패스다. 넷째, 을은 동정과 연민을 자아내는 슬프고 굴곡진 사연을 가진 사회적 소수자다. 다섯 번째, 드라마 주인공은 반드시 을이어야 한다. 현실에서는 갑이 갑이지만 드라마에서는 을이 현실의 을로서 드라마의 갑이 된다.

약육강식에 기반한 이와 같은 K-세계관은 갑과 을로 이루어진 견고한 계급사회를 지탱하는 기본 뼈대가 된다. 이때 세계관의 견고함과 맞물려 K-드라마가 가진 현실 전복적 상상력은 부의 불평등과 불공정이라는 전 세계인의 공통된 이슈를 통해 폭넓은 공감대를 형성함과 동시에 공감을 넘어 전폭적인 지지와 열띤 호응을 끌어낸다. 즉, 우리의 최종 목표는 '갑'이 되는 것이다. 합법과 불법의 영역을 넘나들며 어떻게 해서든 계급 피라미드의 정상을 차지하여 '갑'이 되는 것이 우리가 꿈꾸는 최상의 해피엔딩이다.

하지만 2023년 갑과 을로 이루어진 위계 서열이 명확한 계급 피라미드가 위태롭게 흔들리기 시작한다. 그리하여 이분법적 세계의 정상을 바라보던 우리의 신념과 의지는 지금 붕괴 직전에 놓여 있다. 절대성의 몰락이라는 시대적 징후는 최근 방영 중이거나 방영한 드라마에서 극명하게 드러난다.

'절대적' 갑이란 세상에 존재하지 않는다. 갑의 세계 안에서도 계급이 나뉜다. 왕자들의 신박한 사교육 비법을 앞세워 조선 시대 'SKY 캐슬'로 불리며 큰 화제를 모은 퓨전 사극 〈슈룹〉은 자신을 낳아준 어머니의 신분과 처지에 따라 계급이 달라지는 왕자들의 목숨 건 왕위 쟁탈전을 스릴 넘치게 그려낸다. 그들의 경쟁은 단순히 왕위의 문제가 아니라 자신이 속한 집단의 생사 문제다.

그런 의미에서 갑은 갑인 동시에 을이다. 갑도 누군가에게는 을이 될 수 있다. 병자호란을 다룬 사극 〈연인〉에서 왕은 자신의 목숨을 위해 왕자를 청나라 볼모로 보내고, 왕자는 자신의 목숨을 위해 백성을 청나라 포로로 남겨둔 채 귀환한다. 왕과 왕자는 청나라로부터 목숨을 보전받기 위해 자기 자식을 버리고 자신을 아버지처럼 따르는 백성을 버린다. 이렇듯 갑과 을로 이루어진 이분법적인 세계는 고정불변의 세계가 아니다. 갑도 한순간에 을이 될 수 있다. 곰곰이 생각해보면, 〈더 글로리〉에서 문동은을 괴롭히던 '금수저' 전재준도 자신이 사랑하는 박연진이 다른 남자와 결혼하는 것을 무력하게 지켜볼 수밖에 없었다. 남편 하도영이 전재준보다 상위 '갑'이었기 때문이다.

그리하여 갑이 되었다고 해서 인생의 시련과 고난이 끝나는 게 아니다. 〈안나〉와 〈금수저〉는 '갑이 된 을'의 성공과 몰락, 그들의 불안과 공포를 사실적으로 그려낸다. 〈안나〉는 이름과 학력 등 자신의 과거를 거짓으로 포장해 '가짜 금수저'로 사는 이유미의 두려움을 화려하지만 위태로운 그녀의 킬힐을 통해 폭로한다. 〈금수저〉에서는 실제 금수저로 식사를 하는 행위가 을에서 갑이 되는 신분 상승의 수단이 되는데, 쉽게 쟁취한 신분인 만큼 쉽게 빼앗길 수 있다는 함정에 늘 노출되어 있다.

'갑'의 상황이 그럴진대 '을'의 상황은 더욱 처절하고 참혹하다. 사람들은 제각각 개인 단독자로서 무한경쟁에 내몰리며 극도의 불안과 공포에 시달린다. 개미지옥과 같은 계급 피라미드에서 우리는 비극적 운명을 짊어진 시시포스처럼 끊임없이 고통받고 위태롭게 흔들린다.

환생·빙의·회귀로 이어지는 최근 콘텐츠 트렌드인 멀티버스 시간 여행은 또 한 번의 기회가 아니라 끝나지 않는 저주와 같다.

역동적인 나라에서 불확실성이 높은 나라로

'빨리빨리'로 대변되는 대한민국 특유의 남다른 추진력은 한강의 기적을 일으키며 전쟁의 폐허에서 놀라운 경제성장을 이룩해냈다. 세계에서 가장 역동적인 나라로 주목받기에 충분했다. 하지만 2023년 우리가 목격한 '불확실성'은 이전의 역동성과는 다르다. 고정되어 있지 않다는 점에서는 동일하지만 그 움직임이 새로운 가치와 질서를 생산하기보다는 기존의 시스템과 구조에 대한 과도한 집착과 병적인 불안을 야기한다는 점에서 소모적이고 체제 파괴적인 성격을 가진다. 이렇듯 대한민국이 직면한 어제의 역동성과 오늘의 불확실성은 전혀 다른 양상을 보인다.

2023년 극강의 '생존 지능'이 요구되는 대한민국이란 이름의 아포칼립스에서 살아남는 법은 과연 무엇일까. 바로 적자생존(適者生存)이다. 적자생존의 세계관은 약육강식의 세계관과 구별된다. 강한 자가 위계 서열의 우위에 차지한다는 점에서는 같지만 '강함'에 대한 정의가 다르다. 약육강식의 강함은 그것이 속한 영역이 육체든 두뇌든 자본이든 절대적 평가 기준에서의 영속성을 가진다. 하지만 적자생존이

의미하는 강함은 상황에 따라 가변적이고 즉흥적이다. 강자가 살아남는 것이 아니라 살아남은 자가 강한 자다.

'맨몸' 서바이벌에서 제시되는 문제 상황은 시와 비, 선과 악의 윤리적 당위성이 소멸되고, 과정과 결과, 성공과 실패의 서사적 개연성이 해체되어 모든 정형성이 제거된 논 스크립트 콘텐츠(Non-scripted Content)적 성격을 가진다. 이때 중요한 것은 문제 상황에 대한 기민한 상황판단과 유연한 사고, 그리고 발 빠른 대처 능력이다. 경쟁과 배신, 음모와 계략 즉, 예측할 수 없는 모든 변수가 허용되는 무한대의 카오스에 누가 '먼저' 적응하고 누가 '잘' 적응하느냐가 중요하다. 깊게 성찰하고 신중하게 사고할 시간은 없다. 우리의 일상은 한편의 '피의 게임'이고 모든 선택은 '데블스 플랜'을 기록하는 찰나의 순간일 뿐이다.

역사학자 유발 하라리는 『사피엔스』에서 육체적으로 열등한 고대 인류가 야생의 생태계에서 생존할 수 있었던 비법에 대해 한마디로 정의한다. 허구를 말하는 능력을 통한 공통의 신화 창조. 인간은 종교와 전설, 신화를 통해 집단으로 상상하고 협동할 수 있는 가치 체계를 구축함으로써 인간 개인의 연약함을 보완할 수 있는 집단적 강인함을 창출해낸다. 2023년 지금 '맨몸' 서바이벌 세계관을 통해 우리가 만들어가는 공통의 창조 신화는 무엇일까. '맨몸' 서바이벌 세계관이 요구하는 '생존 지능'은 2024년 내일의 우리에게 무엇을 시사하는 것일까.

좀비 아포칼립스를 다룬 미국 드라마 〈워킹데드〉에서 생존자들은 낯선 타인을 자신의 공동체에 들이기 전에 세 가지 질문을 먼저 한다. 일종의 자격시험이다. 워커는 몇 명이나 죽여봤나요. 사람은 몇 명 죽여 봤나요. 왜 죽인 건가요. 이걸 왜 묻는 것인지, 어떻게 답해야 하는지 드라마에는 답변 장면이 생략되어 있다. 중요한 것은 어떤 답을 제시했느냐가 아니다. 질문 그 자체다. 자신이 어떤 사람인지 성찰해보는 그 짧은 시간이 삶이 아닌 생존을 하는 사람들에게 아주 잠깐이지만 인간으로 돌아갈 시간을 주는 것이다.

이 글을 읽는 짧은 시간이라도 생존이 아닌 '삶'의 감각을 느껴보길 바란다. 중요한 것은 사건이 아니라 사건을 대하는 태도고, 어제가 아니라 내일이다. 당신은 어떤 삶을 살 것인가. 오늘 당신이 살기로 한 그 삶이 누군가에게는 2023년 지금 여기를 기록한 '거대한 관찰 영상 자료'이자 '당신이란 인간의 교보재'가 될 것이다. (2023. 12.)

2024년 4월 10일,
'대한민국의 봄'은 어떤 얼굴을 하고 있을까

퓨전 사극부터 정통 사극까지 2024년 대한민국은 사극 열풍으로 뜨겁다. 270억 원의 제작비가 투입된 KBS 대하드라마 〈고려 거란 전쟁〉은 정통 사극 최초로 넷플릭스 국내 1위를 기록하며 역사드라마의 막강한 존재감을 발휘 중이다. 흥미롭게도 한국 역사드라마의 부흥기는 한반도의 정세와 밀접하게 연관되어 있다. 역사드라마의 '역사'는 '오늘'을 읽어내는 시대의 좌표이자 '미래'를 보여주는 시대의 나침판이다.

1996년에 방영된 KBS 대하드라마 〈용의 눈물〉은 방영 당시 대통령 선거를 일 년 앞둔 시점에서 조선 건국의 피비린내 나는 '정치'를 이야기해서 큰 화제를 모았다. 600년 전 오래된 과거의 역사를 '오늘'

의 정치로 치환하여 멀티버스 속 또 다른 버전의 현실 세계로 실감을 부여한 것이다. 〈용의 눈물〉은 조선 건국에 관한 이야기이면서 대한민국 제15대 대통령 선거에 관한 이야기였다.

역사드라마의 역사는 과거완료가 아니라 현재진행형으로서 지금 여기 현재를 살아가는 사람들의 마음에 깊게 파고든다. 과연 우리는 어디로 가고 있는 것일까. 일상의 감각으로 복원된 스크린 속의 '살아 있는 역사'는 '삶으로서의 정치'의 유의어로 자리매김한다. 대한민국 제21대 국회의원선거를 앞둔 2019년, 정치드라마가 여러 편 방영되었다. 〈60일 지정생존자〉〈위대한 쇼〉〈보좌관〉…. 그리고 올해 4월, 제22대 국회의원선거가 있다. 2024년 대한민국의 봄은 어떤 얼굴을 하고 있을까. 갑진년 푸른 용의 해, 2024년의 화룡점정을 미리 '찍는' 마음으로 최근 방영되거나 방영 중인 역사드라마를 통해 우리 안의 미래를 깊게 들여다보는 건 어떨까.

크고 작은 용'들'의 눈물

'용의 눈물' 이후, 밀레니엄 시대를 맞이한 대한민국은 특수상황이었다. 세기가 바뀌고 경제적 환란(IMF)이 오고 정치적 격변기를 겪었다. 새로운 시대를 향한 비전과 강력한 리더십에 대한 열망으로 뜨거웠다. 조선 최초의 여자 어의의 일대기를 다룬 드라마 〈대장금〉(2003), 현대

그룹을 세운 정주영 회장의 일대기를 다룬 드라마 〈영웅시대〉(2004), 고구려 건국을 다룬 드라마 〈주몽〉(2006) 등 시대의 역경과 고난을 극복하고 자기만의 길을 개척한 사람들의 이야기가 많은 인기를 끌었다. 낡은 시대를 돌파한 용감무쌍한 영웅담인 동시에 현실에 유용한 처세술을 배울 수 있는 '한국판 손자병법'으로 주목을 받았다. 바야흐로 '국민 사극'의 시대였다.

최근 역사드라마는 비슷하면서 좀 다르다. '잘 살기 위한 처세'가 아니다. '살아남기 위한 처세'다. '삶'이 아닌 '생존', '희망'이 아닌 '절망'을 준비하는 '각자도생'의 시대. 좀비 아포칼립스에 버금가는 암울한 시대인식이다.

넷플릭스 오리지널 시리즈 〈킹덤: 아신전〉(2021)의 주인공 아신은 조선에 귀화한 여진족으로 태생부터 최하위계급이다. 당시 조선에 사는 여진족은 어느 쪽에도 속하지 못한 채 핍박과 멸시를 받았다. 그중 아신은 부모가 없는 어린 고아 여자아이였기에 극심한 생존 위협 속에서 살아야만 했다. 훗날 성인이 된 아신은 사랑하는 사람을 모두 잃고 조선 땅과 여진 땅에 살아있는 모든 걸 죽여버리겠다고 복수를 결심한다. 아이러니하게도 그 복수심은 지옥과도 같은 극한의 삶에서 아신 혼자 살아남게 하는 강한 생존력으로 작동한다. 세상을 향한 분노와 인간을 향한 불신이 그만의 생존 비법이 된 셈이다.

각자도생의 생존 위협은 최상위계급에도 예외는 아니다. '조선시대판 SKY 캐슬'로 불린 드라마 〈슈룹〉(2022)은 중전과 후궁들의 흥미진진한 사교육 열풍을 전면에 내세워 큰 화제를 모았다. 하지만 그 이면에는 금수저 계급 안에서 펼쳐지는 잔혹한 무한경쟁이 자리한다. 같은 '금수저'지만 어머니의 신분과 처지에 따라 왕자들의 등급이 또 나뉜다. 그리고 그 경쟁은 단순히 왕위가 아닌 생존을 위한 싸움이다. 왕이 되지 못한 왕자들은 죽음을 피하기 어렵기에 목숨을 걸고 치열하게 싸워야만 한다.

극중 가장 유력한 왕위 계승 후보였던 계성군은 역사드라마에서는 보기 드문 성소수자 캐릭터로 등장한다. 이러한 설정은 과거를 배경으로 하는 역사드라마의 시의성과 현재성을 높이기 위한 서사 전략의 일환이다. 동시에 최상위 계층의 왕자에게 소수자성을 부여해 드라마 안의 생존 모티프를 강조하기 위함이다. 계성군의 어머니인 중전은 아들이 성소수자인 것이 밝혀져 위험에 처하게 될까 봐 고군분투한다. '크고 작은 용'들의 목숨을 건 치열한 눈치 싸움이 바로 〈슈룹〉이다.

'그럼에도' 살아남아야 한다

'절대적' 갑은 이제 존재하지 않는다. 갑의 세계 안에서도 계급이 나뉜다. 갑도 생존의 위협을 느끼며 언제든 을의 위치로 추락할 수 있다. 갑과 을로 이루어진 계급 피라미드의 정상만을 바라보던 우리의 신념과 의지는 허무하게 배신당했다. 세상을 바꾸고자 했던 혁명의 불길은 사그라들고 다크 히어로가 일으킨 찰나의 불씨도 꺼져버렸다. 절대성의 몰락. K-세계관의 붕괴는 갑을 세계관의 폭력성과 배타성마저 낭만적인 추억으로 간직하고 싶을 만큼 체제 파괴적이다. 최소한의 방어벽조차 사라진 세계, 생존 지능이 디폴트값이 되어버린 비극적 시대 인식, 그리고 남겨진 사람들.

드라마 〈연인〉(2023)은 병자호란 이후로 조선이 직면한 '각자도생'의 처절한 생존기를 그린다. 왕은 자신의 목숨을 위해 왕자를 청나라 볼모로 보내고, 왕자는 자신의 목숨을 위해 백성을 청나라 포로로 남겨둔 채 귀환한다. 그렇게 왕과 왕자는 청나라로부터 목숨을 보전받기 위해 자기 자식을 버리고 자신을 아버지 삼아 따르는 백성을 버린다. '갑'의 상황이 이럴진대 '을'의 상황은 더욱 처절하고 참혹하다. 백성들은 제각각의 이유로 아들을 버리고, 아내를 버리고, 남편을 버리고, 나라를 버리고, 신념을 버리고, 목숨을 버린다. 모든 가치와 질서가 무너진 세상에서 개인 단독자로서 생존 투쟁에 내몰리며 극도의 불안과 공포에 시달린다.

적은 내부에만 있는 게 아니다. 밖에도 있다. 더욱 막강한 적이 밖에 있었단 사실을 깨닫는 데는 그리 오랜 시간이 걸리지 않았다. 갑의 갑, 슈퍼 갑의 등장, 그리고 슈퍼 갑의 등장에 따라 새로운 약육강식의 세계가 펼쳐진다. 더 배타적이고 더 폭력적인 세계로의 초대. 절대적 세계관의 붕괴가 아니라 상대적 세계관의 확장이다. K-세계관이 통째로 하부 체제로 흡수되는 글로벌 세계관의 재편성이 시작된 것이다. 백성, 왕자, 왕, 조선, 그리고 청나라. 그리고 거란족. 그리고 여진족. 그리고 몽골족. 그리고….

드라마 〈고려 거란 전쟁〉(2024)은 거란족에 의한 발해의 멸망으로 만주라는 방어막을 상실한 한민족의 처절한 생존 투쟁이 벌어지던 11세기를 배경으로 한다. 거란족·여진족·몽골족과 같은 외세의 잦은 침략 앞에서 한반도의 모든 계급은 생존 서바이벌에 내몰린다. 생존을 위한 각개전투. 백성뿐 아니라 왕의 피를 물려받은 '용손'(용의 자손)까지 맨몸 생존 서바이벌을 해야 할 정도로 극강의 공포사회가 펼쳐진다. 왕위 계승을 앞두고 19세의 대량원군은 끊임없이 살해 위협을 받는다. 왕이 되고 나서도 여전히 고난의 연속이다. 허수아비 왕 노릇을 강요받는 험난한 황실 적응기가 펼쳐지는 가운데, 내부의 적에 이어 외부의 적 '거란'까지 전쟁을 선포하며 그를 압박해온다. 배타적인 절대성의 세계가 있던 자리에 불안과 공포의 불확실한 상대성의 세계가 세워진다. K-역사드라마는 세계사를 무대로 또다시 수치와 굴욕의 역사를 되새김하며 생존을 위해 반복 학습하는 중이다.

2024년 대한민국의 봄

을에 의한, 을을 위한, 을의 대한민국이 오고 있다. 4월 10일 국회의 원선거를 고작 한 달 남겨둔 시점에서 무언가 심상치 않다. 2024년을 향한 불안과 공포가 일상의 임계점을 넘어서고 있다. 모든 가치와 질서가 무너진 순간, 사람들의 선택이 갈리고, 그 갈림길에 놓은 그들의 선택 기준은 하나다. 생존, '그럼에도' 살아남아야 한다. 생존 의지와 생존 본능이 지금 여기 오늘을 살아가는 한국인에게 가장 필요한 역량이자 최고의 능력으로 간주된다.

미디어에서 재현된 현실 세계는 대중의 공감과 지지를 토대로 현실을 재구성한다. 드라마의 '생존' 모티프는 대한민국의 현주소이자 민심의 동향이다. 2024년 대한민국의 봄은 어떤 얼굴일까. 우리는 과연 어떤 봄을 맞이하게 될 것인가. 아니, 우리는 어떤 봄을 맞이해야 하는가.

넷플릭스 오리지널 시리즈 〈도적: 칼의 소리〉(2023)는 대한민국의 가장 어두웠던 시기 '일제강점기'를 배경으로 자신의 터전과 자신의 사람들을 지키기 위해 죽고 죽이는 싸움에 내던졌던 사람들의 이야기를 그린다. 세계열강의 이권 다툼으로 아수라장이 된 1920년대 격동의 간도에서 그들은 살아남기 위해 중국 마적과도 싸우고 일본 경찰과도 싸우고 친일 조선인과도 싸운다. 일제강점기는 이제 더 이상 굴욕과 수치로 얼룩진 패배의 역사가 아니다. 그것은 피와 땀과 눈물, 그리고 무수히 많은 목숨으로 얻어낸 투쟁의 역사다.

독립군의 항일무장투쟁과는 무관한 그들의 삶을 드라마는 치열하게 기록한다. '생존'을 위한 모든 몸부림을 항일무장투쟁의 한 방식으로 인정하고 존중하듯이 말이다. 드라마 〈연인〉의 병자호란도, 드라마 〈고려 거란 전쟁〉의 고려-거란 전쟁도 동일하다. 시대의 어둠에 잠식되지 않고 살아남은 사람들을 향한 거룩한 애도. 2024년 역사드라마의 생존자는 사적 생존 그 이상의 의미를 지닌다. 그 생존은 '그럼에도 여기 사람이 있다'는 묵직한 고백이 되고, '살아있는' 대항역사가 된다. 그렇게 한 사람의 삶이 우리의 소중한 일상을 기록하고, 대한민국의 역사를 지켜낸다.

2023년 최고의 화제작 영화 〈서울의 봄〉을 단순히 수도경비사령관 이태신 한 명의 영웅담으로 치부할 수 없는 이유가 여기에 있다. 영화 〈서울의 봄〉을 '한 사람'이 지켜내고자 했던 '1980년 대한민국의 봄'으로 기억해야 하는 이유가 여기에 있다. 바로 우리가 절대 잊어서는 안 되는 '한 사람'의 존재. 한 사람이라도 살아남는다면 삶은 계속된다. 그렇게 봄은, 계속되어야 한다. 어제를 살아낸 오늘의 당신이 나는 참으로 자랑스럽다. 우리가 힘써 찾던 그 '한 사람'이 바로 당신일 수 있다. 4월 10일, 대한민국의 봄이 오고 있다. (2024. 2.)

〈스트릿 우먼 파이터〉의 창조적 역동성과
스트릿 댄스 유니버스

남자의 여자에서 여자의 남자로

성경에서 신은 아담을 먼저 만들고 그의 갈비뼈로 이브를 만든다. 남자에서 여자로 이어지는 창조의 패턴은 유독 한국 예능 프로그램 제작에서 고수되어왔다. 〈무한도전〉과 〈무한걸스〉, 〈라디오 스타〉와 〈비디오 스타〉, 〈쇼미더머니〉와 〈언프리티 랩스타〉…. 불과 몇 년 전까지 여성 예능은 흥행에 성공한 남성 예능의 스핀오프로 제작되는 경향이 강했다. 그리고 이러한 탄생 배경 탓에 기존 포맷에 성별만 여성으로 바꾼 '아류' 혹은 'B급' 취급을 받곤 했다.

그런 의미에서 2020년 여름, E채널 〈노는 언니〉의 등장은 여성 예능의 새로운 시대를 여는 신호탄이었다. 그동안 남성의 전유물로 여겨졌던 단체 예능, 그중에서도 스포츠 예능에 여성을 주요 출연자로 구성한 최초의 프로그램이었다. 우려 섞인 시선에도 불구하고 〈노는 언니〉는 방영 직후 큰 화제를 모으며 여성 예능이 독자적으로 성공할 수 있다는 것을 증명해냈다.

2020년 시즌 1에 이어 2021년 시즌 2가 인기리에 방영되었고 같은 해 남자 스포츠 선수들로 구성된 스핀오프 〈노는 브로〉가 제작됐다. 2021년 여름, 〈노는 언니〉는 방송 1주년을 맞이해 〈노는 브로〉와 함께 단합대회를 개최하며 '노는' 세계관을 확장함으로써 대표적인 여성 예능으로 확실히 자리매김하였다.

여자, 판을 바꾸다

사실 〈노는 언니〉가 처음부터 탄탄대로를 걸었던 것은 아니다. 시작은 일회성 파일럿 프로그램이었다. 하지만 시청자의 호응에 힘입어 정규 편성되었고 시즌제 예능으로 무사히 안착했다. 그동안 방송에서 볼 수 없었던 여성 운동선수들의 이야기, '여성' 운동선수로서 고정관념과 편견을 극복하고 한 분야의 1인자로 거듭나기까지 그들이 참고 견뎌온 시간의 가치에 대중들은 깊이 공감했다.

2021년 화제작 SBS 〈골 때리는 그녀들〉 또한 여성 출연진이 보여준 진정성의 힘으로 설 특집 파일럿 프로그램이 정규 편성 전환에 성공한 모범 사례다. 기획 의도는 축구에 서툰 여성 연예인들의 좌충우돌 재미있는 실수담이었다. 하지만 대중들의 호응은 즐거움이 아닌 감동에서 터져 나왔다. 일주일 내내 팀 연습과 개인 훈련에 매진하는 여자 개그맨, 여자 모델, 여자 배우의 투혼과 열정, 눈물과 땀에 사람들은 열광했다. 축구에 진심인 그들의 진지한 태도 덕분에 〈골 때리는 그녀들〉은 제작진의 방송 편집 조작 논란에도 불구하고 시청자들의 변함없는 지지를 받으며 시즌 2가 방영 중이다.

2021년은 여성 예능의 전성시대라고 할 수 있을 만큼 여성 출연진을 내세운 프로그램들이 많은 사랑을 받았다. 그중 단연 최고의 흥행작은 2021년 겨울 방영된 Mnet 〈스트릿 우먼 파이터〉(이하 〈스우파〉)이다. 댄스 예능 자체가 비주류인 방송가에서 '여성 댄스 크루 서바이벌' 포맷으로 전체 예능 화제성 지수 1위를 기록하며 독보적인 흥행 신화를 만들어냈다. 이례적으로 방영 중 우승 상금 액수가 상향 조정되기도 했다.

특히 〈스우파〉는 여성 예능을 넘어 예능의 장르 진화를 보여주는 하나의 상징적 사건으로서 주목할 만하다. 대중 투표 경연 미션을 발판 삼아 세계적인 흥행에 성공한 후, 〈스우파〉는 방송 제작 관행대로 시즌제로 전환하는 길을 택하지 않고 〈스우파〉를 하나의 IP(지적 재산

권)로 삼아 세계관 구축에 주력하였다. 10대 고등학생 여성 댄서를 주요 출연진으로 하는 〈스트릿 걸스 파이터〉를 제작하고 남성 성인 댄서를 내세운 〈스트릿 맨 파이터〉를 제작(예정)함으로써 댄서 캐릭터의 스펙트럼을 넓히며 '스트릿 댄스 유니버스' 탄생을 예고하였다.

여자와 여자'들'

성공적인 IP의 자격 요건은 다양한 캐릭터에 기반한 견고한 세계관 창출이다. 〈스우파〉는 독보적인 캐릭터를 기반으로 여성 예능의 벽을 넘어 '슈퍼 IP'로서 그 존재 가치를 확실히 증명하였다. 우선, 〈스우파〉는 업계에서 손꼽히는 전문 댄서를 주요 출연진으로 구성하여 댄서 개개인의 캐릭터를 명확히 제시한다. '댄서들의 선생님' 모니카, '걸스 힙합 창시자' 허니제이, '영앤리치' 리정을 포함해 방송에 참여한 여덟 명의 크루 리더들은 자기만의 독특한 정체성을 가진다.

방송 초반, 댄스 크루 리더 여덟 명의 캐릭터에 관련된 서사는 그들 사이의 관계성을 기반으로 설정된다. 그룹 '환불원정대'의 안무 선정을 놓고 경쟁 관계였던 훅의 아이키와 라치카의 가비, 그리고 한때는 같은 크루였다가 해체하고 서로 다른 크루를 만들어 경쟁 관계가 된 홀리뱅의 허니제이와 코카앤버터의 리헤이가 대표적인 예다. 방송은 그들 사이의 미묘한 신경전을 중심으로 스토리를 전개해간다.

하지만 여덟 명의 주요 댄서들은 점차 캐릭터의 기본 설정값에 머물지 않고 스스로 자기만의 서사를 만들어간다. 그들은 각각 크루를 이끄는 리더로서 특유의 리더쉽을 선보이는데, 그 과정에서 각기 다른 스타일의 캐릭터가 구축된다. 프라우드먼의 모니카가 카리스마 넘치는 무대 장악력과 인솔력을 가진 '예술가형' 댄서라면 그의 대척점에는 수평적 리더쉽을 선보이며 위트가 넘치는 퍼포먼스를 펼치는 '대중친화형' 혹의 아이키가 있다. 소수의 출연자에게 스포트라이트가 편중되는 여느 '단체' 예능과 달리, 〈스우파〉는 다양한 캐릭터의 향연을 통해 풍부한 이야기성을 품은 새로운 개념의 세계관을 창출해낸다.

무엇보다 그 세계는 그동안 존재하지 않았던 새로운 세계 창조라는 점에서 그 존재감이 더욱 도드라진다. 백댄서가 아닌 '전문 댄서'로서 그들은 자기들의 정체성을 새로이 정립한다. 가수 제시의 안무 창작 미션을 수행하는 과정에서 프라우드먼의 모니카는 복면의 동양 여전사 컨셉을 기획하여 가수의 얼굴을 복면으로 가림으로써 댄서가 돋보일 수 있는 안무를 창작한다. 이때 안무는 노래를 뒷받침해주는 보조 역할이 아닌 하나의 독자적인 예술로 승격한다.

리스펙트의 여성 서사

〈스우파〉는 방송에 출연한 여덟 팀의 댄스 크루가 매 순간 상대를 이기지 못하면 프로그램에서 하차하는 서바이벌 방식으로 진행된다. 팀별 혹은 개인별로 이루어지는 배틀에서 반드시 살아남아야 한다. 〈언프리티 랩스타〉로 대표되는 기존 여성 예능은 무한경쟁의 시스템에 '여자의 적은 여자다'라는 정형화된 프레임을 덧입혀 여자들 간의 신경전 혹은 감정싸움에 초점을 맞춘 연출을 선보이곤 했다.

하지만 〈스우파〉는 기존 여성 예능 패턴에서 벗어나 같은 댄스씬에서 함께 노력해온 댄서로서 경쟁할 땐 경쟁하고 연대할 땐 연대하는 공생(共生)의 모습을 강조한다. 물론, 이러한 서사 패턴의 변화는 제작진이 아닌 출연자인 여성 댄서들의 자발적 의지에서 비롯되었다는 점에서 〈스우파〉의 창조적 역동성은 더욱 빛을 발한다.

극 중 '약자 지목 배틀'은 자신이 댄스 대결에서 이길 수 있는 약자를 골라 배틀을 신청하는 형식으로 진행된다. 그리고 약자 지목은 약육강식의 생태계에서 강한 자만이 살아남는다는 힘의 논리를 적용해 배틀 신청 상대에게 모욕과 멸시의 '노 리스펙트' 딱지를 붙이는 행위로 가시화된다. 약자를 지목하고 약자로 지목당한다는 것, 그 행위 자체만으로 이슈몰이하기에 충분히 폭력적이고 선정적이며 기존 여성 예능에서 무한 반복하고 답습해왔던 여성 혐오 프레임을 견고히 할 소지가 있다.

그러나 약자 지목 배틀은 제작진의 의도와는 전혀 다른 방향으로 전개되었다. 방영 당시 가장 큰 화제를 모았던 배틀은 코카앤버터의 제트썬과 프라우드먼의 모니카의 댄스 대결이다. 제트썬은 가장 연장 자이자 '댄서들의 선생님'인 모니카를 약자로 지목하여 배틀을 신청 한다. 그녀의 선택 이유는 '노 리스펙트'가 아니다. 오히려 그 반대다. 모니카가 배틀 강자라는 명성을 듣고 한 번 배틀로 붙고 싶다는, 순수 한 도전 의식에 의한 선택이었다. 명배틀로 온라인상에서 자주 회자 되는 허니제이와 리헤이, 립제이와 피넛의 약자 지목 배틀도 같은 맥 락에서 이루어진다.

〈스우파〉는 서로 죽고 죽이는 치열한 전쟁에서 한 명의 영웅이 탄 생하는 무한경쟁의 이야기가 아니다. 꿈과 도전으로 가득 찬 흥미진 진한 모험 서사인 동시에 상호 존중과 인정에 근간을 둔 따뜻한 (유사) 가족 드라마다.

유사 가족 드라마

유사 가족이란 피 한 방울 섞이지 않은 타인이지만 한 곳에 거주하며 깊은 유대관계를 형성한 사람들을 일컫는다. 〈스우파〉의 댄서들은 같 은 댄서 신에서 활동하며 여성 댄서로서 어려움을 함께 극복해나가는 과정에서 끈끈한 유대감과 강한 소속감을 느낀다. 혈연관계가 선험적 이고 필연적이라면 유사 가족 관계는 선택적이고 자율적이다. 이때 자 유 의지는 강력한 권리행사인 동시에 무거운 책임 의식을 수반한다.

〈스우파〉는 댄서들의 경연을 평가하는 '저지(judge)'가 전문 댄서가 아닌 아이돌 가수이거나 아이돌 출신 안무가라는 점 때문에 방송 직후 판정 시비가 주기적으로 대두되었다. 하지만 온라인상의 격렬한 논쟁과 달리, 실제 당사자인 댄서들은 심사 결과에 깨끗이 승복하는 한편 승패를 떠나 그 안에서 자기만의 서사를 만들어내기 위해 치열하게 노력하는 모습을 보여 깊은 감동을 안겨주었다.

출연 댄서 중 가장 연장자인 모니카와 허니제이는 '워스트 댄서' 선정 배틀이라는 굴욕적인 무대를 앞두고 "잘 봐, 언니들 싸움이야"라는 선언을 통해 여성 댄서들이 만들어갈 새로운 세계의 출연을 공고히 한다. 스스로를 '언니'라고 칭하는 두 사람은 연예인 심사위원과 그들의 불합리한 판정, 그리고 그에 따른 불공정한 승패 결과와 무관하게 오로지 여성 댄서들만이 주인공인 감동적인 가족 드라마를 만들어낸다.

이때 〈스우파〉의 무대는 우리가 사는 세계의 축소판으로 기능한다. 그리고 '여성'과 '백댄서'라는 두 겹의 소수자성은 누구나 가슴에 품은 자기만의 소수자성과 긴밀하게 연결되어 폭넓은 공감대와 열띤 호응을 끌어내는 데 성공한다. 그렇게 여성 댄서들은 자신들에게 덧입혀진 불합리한 시스템의 굴레에서 벗어나 '언니'들이 만들고 '여동생'들이 살아갈 세상에 대한 새로운 비전을 선보인다.

언니가 여동생을 키우는 법

〈스우파〉가 출연진 스스로 새로운 세계를 이룩해낸 '각본 없는 드라마'였다면 〈스우파〉의 스핀오프로 제작된 〈스걸파〉는 성공한 세계관에서 파생된 '각본 있는 드라마'다. 10대 여고생을 대상으로 하는 〈스트릿 걸스 파이터〉(이하 〈스걸파〉)는 '저지' 대신 '마스터'에 의해 오디션이 진행된다. 마스터는 〈스걸파〉에 출연한 리더 댄서들을 중심으로 구성되며 각기 자신의 팀에 속할 10대 여고생 크루를 선발한다.

마스터들은 자신의 팀과 댄스 혈통이 유사한 10대 크루들을 선발하고자 하는데, 이는 그들을 제2의 훅, 혹은 제2의 라치카로 만들기 위함이 아니다. 각 크루별로 최적화된 멘토링을 해주기 위함이다. 때문에 팀 홀리뱅에 속한 10대 크루 '브레이크 엠비션'과 '앤프'가 마스터 허니제이의 댄스 스타일과 지나치게 유사한 퍼포먼스를 선보이자 높은 완성도에도 불구하고 혹평을 받고 하위에 랭크된다. 마스터와 구별되는 10대 크루만의 독창성 개발은 〈스걸파〉가 단순히 〈스우파〉의 스핀오프, 즉 기존 포맷에 나이대만 고등학생으로 바꾼 '아류' 혹은 'B급'이 아니라는 걸 보여주는 주요 포인트다.

독립적인 콘텐츠로서 〈스걸파〉의 독창성은 캐릭터뿐 아니라 서사를 만들어가는 방식에서도 〈스우파〉와 확연히 구별된다. 〈스우파〉가 새로운 세계를 향한 꿈과 도전이 가득 찬 흥미진진한 모험 서사라면

〈스걸파〉는 지속 가능한 세계관 확장을 위한 성장 서사를 보여준다.

〈스걸파〉는 여성 단체 예능인 동시에 10대 여자 고등학생을 대상으로 하는 오디션 프로그램이라는 점에서 기존 걸그룹 선발 오디션과 많이 비교된다. 특히 오디션에서 중요시 다루어지는 '예쁨', 즉 정형화된 여성상으로서 '예쁜 소녀'를 요구하지 않는다는 점에서 차별화를 확실히 한다. 정확히 말하면 예쁨에 대한 요구는 있으나 예쁨이 요구되는 영역이 다르다.

트레이드 안무 미션에서 클루씨는 상대팀이 소화하기 어려운 황당한 안무를 주어 상대 팀의 패배를 유인하는 작전을 구사한다. 이에 마스터들은 단순히 이기는 것이 아닌 경쟁과 연대를 통해 좋은 퍼포먼스를 선보일 것을 강조하며 따끔한 일침을 놓는다. 동시에 10대 댄서들이 경쟁자이자 동료 댄서로서 상호발전적인 관계가 될 수 있도록 미션에 임하는 태도를 재정립해준다. 이름하여, '예쁜 경쟁'. 여기에서의 예쁨은 결과가 아닌 과정으로서의 성취물이다. 즉, 〈스걸파〉의 '예쁜 경쟁'은 〈스우파〉에서 강조된 '리스펙트'의 자매품이다.

〈스걸파〉에서 실패는 실패가 아니다. 실패는 또 다른 도전의 시작일 뿐이다. 강력한 우승 후보였던 아마존은 탈락 소감에서 〈스우파〉에서 만나자는 희망찬 다짐으로 새로운 미래를 약속한다. 이처럼 〈스걸파〉는 〈스우파〉의 세계관 반복이 아닌 세계관 확장이라는 점을 명확히 하며 언니와 여동생이 함께 창조해낸 '스트릿 댄스 유니버스'를 향한 무한 기대를 품게 한다. 물론, 그 유니버스의 중심에는 댄스 테크닉이 아닌 지난한 삶을 예술로 승화시키는 영혼의 기술을 가르친 '스트릿 우먼 파이터'들이 있다. (2022. 4.)

세상의 모든 작고 사소한 것,
그래서 우리가 지켜야 하는 가치

– 2023년 올해의 벡델리안

한국영화감독조합(DGK)은 양성평등주간인 2023년 9월 1일부터 3일까지 서울 마포구에 위치한 인디스페이스에서 '벡델데이 2023'을 진행하였다. 벡델데이는 미국의 만화가 앨리슨 벡델(Alison Bechdel)이 영화 속에서 성평등이 얼마나 균등하게 재현되는가를 가늠하기 위해 만든 '벡델 테스트'를 기초로 한국 영상 미디어 속 성평등 현황을 짚어보고, 문화적 다양성의 의미와 가치를 되새기기 위해 2020년부터 시작되었다.

지난해 영화 부문에 이어 시리즈 부문을 신설하였으며 2022년 7월부터 2023년 6월까지 공개된 시리즈를 대상으로 2023년 가장 성평등한 시리즈 10편을 선정하여 '벡델초이스 10'을 발표하였다. 이와 더불어 성평등에 기여한 영상 창작자들을 감독(연출), 작가, 배우, 제작자 등 네 개 부문으로 나눠 '벡델리안'으로 선정하고 9월 2일 시상식과 토크쇼를 진행하였다.

벡델데이 벡델테스트는 아래와 같다.

1. 영화 속에 이름을 가진 여성 캐릭터가 최소 두 사람 나올 것
2. 여성 캐릭터들이 서로 대화를 나눌 것
3. 이들의 대화 소재나 주제가 남성 캐릭터에 관한 것만이 아닐 것
4. 감독, 제작자, 시나리오 작가, 촬영감독 중 1명 이상이 여성 영화인일 것
5. 여성 단독 주인공 영화이거나 남성 주인공과 여성 주인공의 역할과 비중이 동등할 것
6. 소수자에 대한 혐오와 차별적 시선을 담지 않을 것
7. 여성 캐릭터가 스테레오 타입으로 재현되지 않을 것

2023년 올해의 벡델초이스 10

벡델데이 2023 시리즈 부문은 공중파 및 종합편성채널, 케이블 채널, OTT 오리지널 등에서 소개된 84편 시리즈를 대상으로, 《중앙일보》 문화부 나원정 기자, 칼럼니스트로 활동하고 있는 무브먼트 진명현

대표, 드라마평론가 김민정 중앙대학교 문예창작전공 교수가 심사에 참여했다.

심사 과정에서 열띤 토론이 있었다. 너무나 많은 좋은 드라마들이 있었기에 10편만 고른다는 것이 어려웠다. 벡델테스트를 정량화해서 평가하는 것을 넘어, 그것을 시작점으로 해서 파생되고 확장되는 의미를 담아내는 작품들까지 고루 벡델초이스 10에 이름을 올렸다. '여성'의 의미가 단순히 생물학적인 성이 아니라 사회문화적 영역에 있다고 심사위원단은 판단했다. 세상의 모든 작고 사소한 것, 그래서 우리가 지켜야 하는 가치들. 그런 의미에서 '다양성'과 '소수자성'에 걸맞은 가치와 의미를 지켜낸 드라마들을 호명하여 기록하고 기념하기로 하였다.

벡델데이가 여성만을 위한 축제로, 여성 서사를 여성만을 위한 것이라고 오해하는 시선들이 간혹 존재한다. 여성과 남성으로 이루어진 세계에서 여성이면 세계의 절반이다. 절반이 바뀌면 다 바뀌는 것과 다름없다. 절반이 바뀌면 남은 절반도 바뀌지 않을 수 없다. 여성 서사의 '여성'은 종착지가 아니라 출발점이며 결과가 아니라 시작이다.

한국 로맨스 드라마는 신데렐라 스토리라고 비판을 많이 받는다. 이때 여자 주인공이 신데렐라가 되길 거부하고 동등한 관계가 되길 원한다면, 백마탄 왕자도 백마에서 내려와서 같이 걸을 수밖에 없다. 공동주연이니까 한 명이 걸으면 다른 한 명도 나란히 걸어야 하는 것이다.

비평 담론에서 가장 따가운 혹평을 받는 가족드라마도 마찬가지다. 가족드라마 속 여성은 가부장제도 안에서 피해자로 그려지는 경향이 강하다. 그런데 만약 여성이 주체적인 캐릭터로 거듭나고 피해자 되기를 거절한다면, 그 대척점에 놓인 남성 역시 가해자가 아니게 된다. 피해자는 가해자가 있어야만 존재할 수 있다.

다수의 여성 캐릭터들이 주체성을 찾아가면서 드라마가 그려내는 다른 캐릭터들, 그리고 그 캐릭터들이 살아가는 드라마 세계가 함께 건강해졌다. 물론, 드라마의 작품성도 높아졌다. 이것이 바로 한국 드라마 안에서 긍정적인 변화의 시작을 만들어내는 '마중물'로서 여성서사가 가지는 존재 의미이자 그 가치다.

2023 올해의 벡델리안

올해의 벡델리안 감독(연출) 부문은 〈박하경 여행기〉의 이종필 감독이다.

최근 콘텐츠를 소비하고 향유하는 방식이 많이 달라졌다. 우리가 원하는 시간과 공간에 언제 어디서든 콘텐츠를 감상할 수 있다. 나아가 이제는 콘텐츠의 분량까지 마음대로 조절할 수 있다. 몇 년 사이 드라마를 1.5배속이나 2배속으로 보는 사람들이 많아졌다. 이러한 변화는 콘텐츠를 창작하는 작가와 감독의 입장에서 보면 굉장히 파격적인, 가히 혁명적인 도전이라고 할 수 있다. 시간과 공간의 제약을 벗어나서 콘텐츠를 감상할지라도 그동안 콘텐츠 자체에 변화를 준 적은 없었다. 드디어 소비자가 생산자의 지위에 올라서 창작자와 대등한 자격을 차지한 것이다.

자극적이고 빠른 템포의 콘텐츠가 넘쳐나는 가운데 〈박하경 여행기〉는 너무나도 다른 결을 가진, 그래서 유독 튀는 드라마다. 온라인 리뷰에서 힐링 드라마라고 이야기하는 사람들이 꽤 많다. 그런데 힐링 드라마라고 말하는 게 오히려 드라마의 매력을 반감시키는 게 아닐까 싶다. 힐링하면 왠지 폭신폭신하고 몽글몽글한 느낌일 것 같은데, 〈박하경 여행기〉의 힐링은 그런 결이 전혀 아니다.

극중 박하경은 템플스테이를 하러 산에 올라가는데, 그 산길 옆에 돌탑이 있는 걸 발견한다. 사람들이 소원을 빌면서 작은 돌을 하나씩 쌓아서 만든 돌탑. 그걸 보고 박하경은 속으로 한마디 툭 내뱉는다. 돌탑 쌓는 게 얼마나 어려운지 해본 사람은 안다. 피라미드 모양의 돌탑은 절대 호락호락 우리가 정상을 차지하게 두지 않는다. 조금만 방심하면 순식간에 돌탑은 무너져 버린다. '발로 차고 싶다.' 위태로운 돌탑을 향한 박하경의 속말은 그동안 우리가 너무나 힐링에 집착해왔다는 것을 날카롭게 짚어낸다.

열심 없는 힐링. 힐링 없는 힐링 드라마. '여성 캐릭터의 새로운 지평을 여는 여성 원톱 드라마' 그 너머에는 장르적 문법을 거스르는, 그 낯섦으로 우리의 지평을 확장하는 도발성이 자리한다. 이종필 감독은 이전에 없었던 '힐링', 형체 없는 '힐링'을 영상적으로 구현해내는 데 성공한다. 〈박하경 여행기〉는 '힐링'을 힐링하는 경이로운 드라마다.

올해의 백델리안 작가 부문은 〈슈룹〉의 박바라 작가다.

〈슈룹〉은 당대 지금의 현실을 되비추는 알레고리로서 조선시대 궁중을 흥미진진하게 그려낸다. 왕자들의 신박한 사교육 비법을 앞세워 조선시대 'SKY 캐슬'로 불리며 극적 몰입감을 높이는 한편, 자신을 낳아준 어머니의 신분과 처지에 따라 계급이 달라지는 왕자들, 즉 계급의 세분화를 통해 그동안 드라마에서 재현되었던 갑과 을로 구성된 이분법적 K-세계관을 낯설게 하는 데 성공한다.

극 중 왕의 어머니 '대비'는 후궁 출신으로 서자인 아들을 왕위에 앉힌 입지적인 엄마이자 중전을 폐위시키고 대비의 자리에 오른 성공한 후궁이다. 위계서열이 확고한 K-세계관에서 신분 상승을 이루어낸 독보적인 인물이다. 모든 후궁들의 롤모델 겸 모든 을이 꿈꾸는 성공 신화. 드라마 주인공인 우리의 중전 '임화령'(김혜수 분)도 집안 좋은 다른 후보를 제치고 중전이 된 '성공한 을'이다. 결국, 드라마 안에는 두 부류의 사람만 존재하는 셈이다. 갑이 된 을과 갑이 되고 싶은 을.

'성공한 을'로 그려지는 중전마마와 대비마마의 대립구도를 통해 이상적인 '갑'의 조건을 탐색하며 〈슈룹〉은 폭력적인 사적 복수가 팽배한 K-드라마 세계관에서 유의미한 성찰의 지점을 만들어낸다. 이상적인 '갑'은 어떤 모습이어야 하는가. 익숙한 설정의 궁중암투도 K-세계관의 승은을 입으면 〈슈룹〉처럼 PC한 웰메이드 글로벌 콘텐츠로 거듭날 수 있다는 것을 증명해낸다.

시리즈 분량에 비해 등장인물이 많음에도 불구하고 모두 제각각 성격을 부여하여 매력적인 캐릭터로 창조해낸 점 또한 드라마 속 성소수자 에피소드가 단순히 사극의 시의성을 높이기 위한 서사전략이 아니라 작가의 '벡델스러운' 세계인식에 기반한 것임을 느끼게 해준다.

2024 벡델데이를 기대하며

〈박하경 여행기〉의 이나영, 〈슈룹〉의 김혜수, 〈퀸메이커〉의 김희애, 문소리를 포함해 벡델초이스 10에 오른 다수의 드라마 주연들이 40·50대 여성 배우다. 40·50대 여성 배우'들'의 약진은 과연 어떤 의미를 갖는 것일까. 아니, 어떻게 해서 가능했던 것일까.

40·50대 여성 배우들은 그들의 인생 자체가 한 편의 여성 서사다. 배우 김희애는 1992년 〈아들과 딸〉에서 가부장적인 집안에서 태어난 이란성 쌍둥이로 늘 아들 '귀남이'에게 밀려 무시와 홀대를 받는 딸 '후남이'를 연기한다. 하지만 2022년 〈퀸메이커〉에서 대기업 전략기

획실 출신의 성공한 이미지 컨설턴트로 나와 인권변호사 오경숙을 서울 시장으로 만들며 기성 사회의 부조리에 반기를 드는 '퀸메이커'로 거듭난다.

'여성' 배우로서 김희애의 삶은 드라마 속 여성 캐릭터에 투영되어 대중에게 더욱 큰 울림을 준다. 스크린 안과 밖의 통합, 그리고 현실과 이상의 통합이 성취되는 것. 그래서 벡델데이가 더 이상 벡델데이로 머물지 않고 여성과 남성의 통합 아래 세상의 모든 작고 사소한 것들의 가치를 발굴하는 작업으로 문화적 돌파와 사회적 확장이 일어나는 것. 'TURN ON THE FUTURE' 벡델데이의 슬로건대로 미래를 밝히는 작은 빛을 지켜내는 작업이 바로 벡델초이스를 선정하고 그 안에 담긴 의미를 기념하는 일이다.

2024년 우리가 마주하게 될 세계는 어떤 모습일까. 아무것도 정해진 것은 없다. 다만, 그 세계의 주인공 크레딧에 이 글을 읽고 있는 당신과 이 글을 쓰고 있는 내가 포함되어 있단 것만은 확실하다. TURN ON THE FUTURE! '오늘'은 우리가 살아갈 내일의 '마중물'이다. (2023. 9.)

살아남은 자의 슬픔: 새로운 시대정신으로서 세대 담론

– 넷플릭스 오리지널 시리즈 〈지금 우리 학교는〉

눈이 충혈될 때까지 드라마를 몰아보기하지 않겠다는 새해 결심은 산산이 부서졌다. 넷플릭스 탓이었다. 〈지금 우리 학교는〉은 공개 하루 만에 넷플릭스 세계 랭킹 1위에 올라섰다. 〈오징어 게임〉과 〈지옥〉에 이어 한국이 만든 넷플릭스 오리지널 시리즈로 세계 정상에 오른 세 번째 드라마. 안 본 사람 빼고는 다 봤다는 마성의 드라마. 줄거리는 간단하다. 예기치 못한 사고로 한 고등학교에 좀비 바이러스가 급속도로 퍼지면서 벌어지는 이야기, 한 마디로 K-좀비물이다.

우리 모두의 기대에 부응하듯 드라마 속 K-좀비는 서양 좀비와 달리 육상 선수만큼 빠르게 달린다. 성격 급한 좀비만큼 스토리 전개도 빠르다. 극 중 요나스 바이러스라고 불리는 좀비 바이러스는 반나절 만에 학생 대부분을 감염시키고, 빠른 속도로 지역 사회로 확산된다. 그리고 순식간에 학교 안팎이 좀비 아포칼립스가 되어 버린다. 드라마를 보던 나의 12시간도 '순삭'이었다.

조선 시대와 사극, 그리고 좀비라는 낯선 조합의 드라마 〈킹덤〉이 K-좀비의 탄생을 널리 알린 이후 좀비는 더 이상 죽은 존재가 아니다. 죽어도 죽지 못하는 게 좀비라면 죽은 좀비도 빠르게 뛰게 하는 게 바로 K-드라마의 힘이다. 이번엔 고등학교와 하이틴 학원물, 그리고 좀비다. 인간의 의식을 가진 좀비라니! 도대체 K-상상력의 한계는 어디까지인가.

학교의 이름으로

〈지금 우리 학교는〉은 고등학교란 공간적 배경을 매우 '알차게' 활용한다. 대표적인 미국 좀비물 〈워킹데드〉 속 좀비가 장소 제한 없이 자유롭게 돌아다닌다면 〈지금 우리 학교는〉은 작은 학교의 공간 효율성을 극대화한다. 주인공 이청산(윤찬영 분)이 좀비를 피해 도서실 책장을 도미노 삼아 뛰어다니는 장면이 있는데, 감탄이 절로 나온다. 책 읽던 조용한 도서실이 좀비와 만나면 저렇게 박진감 넘치는 장소가 되는구나. 〈워킹데드〉가 회당 제작비 100억인 것과 비교해 〈지금 우리 학교는〉이 '고작' 20억이라는 점에서 도서실 액션신을 향한 감탄은 자본주의적 감동으로까지 확장된다.

무엇보다 〈지금 우리 학교는〉은 좀비화의 시작을 학교로 설정했다는 점에서 여느 좀비물과 차별된다. 극 중 세포생물학 박사학위를 가진 중년의 과학 교사가 좀비 바이러스를 발명하는데, 그 배경에는 극심한 학교 폭력을 당해 자살을 시도한 아들이 있다. 기간제 교사로 근무 중인 그는 학교 폭력을 폭력의 시스템 즉, 사회 구조적 관점에서 접근한다. 그리하여 지금 이 세상 사람들 모두를 '공범'으로 지목하고 세상을 향한 분노를 거침없이 표출한다. 좀비 바이러스는 인간으로 죽는 것보다 괴물으로라도 살아남는 것이 더 낫다는 약자의 피맺힌 절규인 셈이다.

〈지금 우리 학교는〉은 학교 폭력, 성폭행, 미혼모 출산 등 10대 대상 사건들을 연이어 배치함으로써 학교 안 약육강식의 생태계를 사실적으로 재현해낸다. 〈오징어 게임〉이 456억이 걸린 게임에 참여하기 전 등장인물들의 사연을 통해 한국 사회의 어두운 이면을 들춰낸 것과 유사하다. 하지만 극강의 리얼리티라는 찬사를 받은 〈오징어 게임〉과 달리, 〈지금 우리 학교는〉은 자극적인 연출로 선정성 논란에 휩싸였다. 그때는 맞고 지금은 왜 틀린 것일까.

학생의 이름으로

두 드라마는 공통으로 한국 사회의 민낯인 무한경쟁과 적자생존의 폭력적 시스템을 다룬다. 하지만 성인 대상의 서바이벌 게임을 모티프로 한 〈오징어 게임〉과 달리 〈지금 우리 학교는〉은 10대 학생과 그들이 다니는 학교를 배경으로 한다. 즉, 〈지금 우리 학교는〉의 폭력 재현 양상에 대한 논란이 유독 많은 것은 주인공이 10대 청소년이기 때문이다. 10대 성매매를 다룬 드라마 〈인간수업〉이 공개 당시 문제작으로 논란의 중심에 섰던 것과 같은 맥락이다. 미성년자는 그 누구도 건드릴 수 없는 성역, 순수와 미래의 상징이니까 말이다.

그런데 여기서 잠깐. 극 중 또 한 명의 학교 폭력 피해자 학생이 있다. 가장 논란이 된 성 착취 동영상 사건의 당사자. 그 학생은 옥상에서 자살하려는 것을 말리는 친구에게 말한다. "여기는 지옥이야. 난 그 지옥을 떠나려는 거고." 그렇다. 더 이상 아이들에게 학교는 학교가 아니다. 지옥이다. 그리고 학교는 보호의 대상이 아니라 '구조'의 대상이다.

좀비 바이러스로 아수라장이 된 학교에서 겨우 살아남은 학생들이 옹기종기 모여 애타게 구조를 기다린다. 그런데, 아무도 오지 않는다. 학교 폭력이든 좀비든 10대들이 처한 지옥의 현장에 '어른'은 보이지 않는다. 그들은 도대체 어디에 있는가. 우리가 진정으로 불편해야 할 것은 아이들이 처한 문제 상황의 폭력성이 아니다. 바로 아이들을 보호해야 할 어른의 부재(不在)다. 폭력을 행사하는 것만 폭력이 아니다. 무관심과 방관, 그리고 침묵도 폭력이다.

선배의 이름으로

좀비의 시작만 보면 〈지금 우리 학교는〉은 여느 한국 드라마와 비슷하게 갑과 을로 구성된 이분법적 세계관을 토대로 계급에 관한 이야기를 할 것처럼 보인다. 드라마 초반 생존 학생 집단은 고급아파트와 임대아파트에 사는 아이들로 나뉘며 그들 사이에 계급은 갈등 요인으로 부각된다. 하지만 시간이 지날수록 학생별 인적 특성은 두드러지지 않는다. 오히려 그들은 학생이란 이름으로 학생과 비학생, 성인과 비성인의 대립 구도 안에서 하나의 축을 형성한다.

학생들은 구조 여부를 두고 어른들이 자신들을 구하러 올 것인지 아닌지에 대해 대화를 나눈다. 이때 그들은 어른들은 학생과 학교엔 아무 관심이 없다고 절망하는데, 점차 어른들을 향한 분노와 불신으로 감정의 변화를 보인다. 결국 그들은 가만히 구조를 기다리기보다 스스로 학교를 빠져나가기로 결단한다. 더불어 반드시 살아남아 자기들을 외면한 어른들에게 복수할 것을 다짐한다.

극 중 어른들은 다른 지역으로의 전염을 막는다는 이유로 바이러스 최초 진원지인 효산시를 봉쇄하고 폭파함으로써 구조를 포기한다. 반면에 버려진 아이들은 서로 협력하여 끝까지 살아남으려고 노력한다. 무슨 일이 있어도 포기하지 말자고 서로를 다독이고, 누구 하나 희생시키지 않고 다 같이 살아남자고 굳게 결심한다. '제대로 된 어른'의 빈자리는 학생 중 제일 연장자인 열아홉 살이 차지한다. 목숨이 위태로운 상황에서 건장한 체격을 가진 고2 남학생이 자신이 먼저 주변을 살펴보겠다고 하자 '선배'란 이름으로 고3 여학생 둘이 제지한다. "찌그러져 있어." 좀비보다 수능이 더 무섭다는 저 고3 선배님들의 스웨그에 감탄이 절로 나온다.

그동안 〈오징어 게임〉을 포함한 한국 드라마는 갑과 을의 이분법적인 세계관에 입각해 인간의 존엄성과 인권이라는 계급 담론을 제시해 왔다. 하지만 〈지금 우리 학교는〉은 새로운 시대정신으로서 세대 담론을 가져와 '어쩌다 어른'이 된 사람들의 책임과 의무에 관해 이야기한다.

반장의 이름으로

부모도 죽고 친구도 죽고 모든 것이 죽음으로 뒤덮인 세상에서 아이들은 살아남은 자의 슬픔을 혼자 감당하도록 방치된다. 그리고 그들의 슬픔과 아픔을 위로하듯 수백 수천 개의 노란 리본이 바람에 힘차게 나부낀다. 그렇게 〈지금 우리 학교는〉은 새롭게 움트는 봄의 이름으로 세월호 사건을 소환해낸다. 323명 아이들의 소중한 목숨을 앗아간 2014년 4월 그날의 비극은 정확한 진상 규명 없이 또 한 번 바닷속으로 침몰했다. 하지만 그 후의 이야기는 드라마에서 계속 이어진다.

극 중 인간과 좀비의 중간자적 존재로서 '절비'가 등장한다. 좀비에게 물린 후 인간의 의식을 간직한 절비가 된 사람은 딱 세 명이다. 학교 폭력에 관련된 가해자, 피해자, 그리고 방관자. 그중 우리의 시선을 끄는 사람은 역시 불특정 절대다수, 그러니까 우리의 또 다른 모습인 '방관자' 절비다.

학급 반장인 최남라(조이현 분)은 극 초반 부모님의 말씀에 순종하며 성적 빼고는 아무것에도 관심을 두지 않는, 모든 사건의 방관자로서 존재감이 없었다. 하지만 생존 학생 중 유일하게 절비가 되면서 문제 해결에 적극적으로 나서는 모습으로 변모하는 한편, 타인의 목숨을 담보삼아 자신의 생명을 연장하는 좀비로 변하지 않기 위해 끊임없이 자신이 인간임을 되새긴다. 마치 인간이 인간인 것은 인간으로 태어나서가 아니라 인간이 되기 위해 노력하기 때문이라는 듯이. 여기에 인간 대신 어른이란 단어를 넣어 읽어도 의미는 달라지지 않는다.

드라마 후반부에 최남라는 어른들에 의해 꾸려진 구조 캠프에 들어가길 거부하고, 버려진 학교에 혼자 남아 뒷수습을 감당한다. "난 아직 할 일이 좀 남았어"라며 담담하게 정든 친구들 곁을 떠나는 '반장' 최남라의 뒷모습은 국가와 정부, 사회와 어른의 책임과 의무에 대해 깊이 성찰할 것을 촉구한다. 국가란 무엇인가. 어른이란 무엇인가. 반장이란 무엇인가. 이제 농담처럼 소싯적 반장 안 해본 사람 어딨냐는 말은 함부로 할 수 없는 시대가 되었다. 2014년 4월 16일 이후 우리는. (2022. 3.)

문화콘텐츠와 대중예술의 본질

BL은 2023년 콘텐츠 트렌드의 새로운 좌표다

2023년 3월 9일, 영국 시사주간지 《더 이코노미스트》는 "태국의 게이 드라마가 넥스트 케이팝일까?(Are Thailand's gay TV dramas the next K-POP?)"라는 기사를 내보냈다. 태국 게이 드라마가 홍콩 누아르 영화, 일본 애니메이션, K-팝에 이어 아시아 문화 트렌드의 중심이 될 가능성이 있다는 내용을 담은 보도였다. 여기에서 게이 드라마란 BL(Boy's Love) 드라마를 의미한다.

2020년 2월 공개된 태국 BL 드라마 〈2gether〉은 온라인 팬미팅을 베이징, 도쿄, 뉴욕, 런던, 서울에서 열 정도로 세계적인 인기를 구사하고 있다. 주연배우 브라잇 와치라윗(Bright Vachirawit)의 인스타그램 팔로우 수는 2023년 4월 30일 기준 1,800만 명이 훌쩍 넘는다.

BL 산업의 성장 가능성을 높이 평가한 태국 국제무역홍보부는 이듬해 6월 BL 콘텐츠를 위한 온라인 비즈니스 미팅을 열었고, 많은 아시아 기업들이 참가한 가운데 3억 6천만 바트(약 136억 원)가 거래되는 큰 성과를 이루었다. 최근 태국, 일본, 대만, 중국 등 아시아 전역에서 시작된 BL 열풍이 전 세계적으로 빠르게 확산하는 중이다.

　BL 열풍에 있어 한국도 예외는 아니다. 2022년 동명의 웹소설 원작 BL드라마 〈시맨틱 에러〉가 왓챠 시청 순위 8주 연속 1위를 기록하였다. 〈시맨틱 에러〉가 성공한 후, 국내 OTT들은 다수의 BL 콘텐츠 제작을 진행함과 동시에 태국, 일본, 대만을 포함한 다양한 국가의 BL 드라마를 서비스하고 있다.

선 섹스 후 사랑

어제의 새로움이 오늘의 낡음이 되는 것은 대중문화 콘텐츠의 태생적 특성이다. 대중은 늘 새로움에 목말라 있고, 대중을 대상으로 하는 문화 콘텐츠는 대중의 감각과 취향을 만족시킬 수 있는 새로운 무언가를 찾아 늘 두리번거린다. 이때 하위문화(서브컬처)는 주요 문화로부터 구별되는 독자성과 비주류성을 통해 주요 문화 속에서는 충족될 수 없는 대중의 다양한 욕구와 니즈를 충족시키는 하부 구조로서 존재한다. 콘텐츠의 양적·질적 새로움을 지속해서 수혈함으로써 문화 생태계의 존속을 위한 체제 보완적 역할을 담당하는 것이다.

BL(Boy's Love)는 남성 간의 사랑 이야기로 로맨스물의 하위 장르에 속한다. BL 팬들조차 'BL을 본다' 혹은 'BL을 좋아한다'는 말을 공개적으로 밝히기를 꺼릴 정도로 BL물은 소수의 매니아를 위해 존재해왔다. 하지만 최근 한국 로맨스물의 트렌드를 살펴보면 그 모든 변화의 방향이 새로운 유형의 사랑 '보이즈 러브'를 가리키고 있음을 확인할 수 있다.

저출산 문제는 현실 세계보다 대중 문화 콘텐츠에서 더 심각하다. 드라마와 웹툰, 그리고 웹소설에서 사랑과 결혼의 필연적 상관관계는 해체된 지 오래다. 사랑하면 연애하고 연애하면 결혼한다는 서사 전개는 더 이상 서사적 개연성을 상실했다. 사랑하면 사랑하고, 연애하면 연애한다. 남녀가 결혼하고 가정을 꾸리고 자녀를 낳는 것, 즉 사랑의 결과로서 결혼과 출산의 직선적 시간관이 해체된 상황에서 관계의 비생산성은 새로운 서사 패턴을 탄생시켰다. 이름하여, 선 섹스 후 사랑. 출산을 위한 섹스가 아닌 성적 유희를 위한 섹스의 급부상이다.

사랑하는 연인 사이에서 중요한 것은 생산성이 아니다. 바로 유희성이다. 육체적 성관계를 통해 얼마나 즐거움과 유쾌함을 얻을 수 있을 것인가. 사회적으로 부여된 젠더로서의 여성성과 남성성이 제거된 자리에 남은 것은 관계 그 자체를 즐길 수 있는 개방성이다. 순결을 지켜야 하는 여자도 없고, 가정 부양의 의무를 진 남자도 없다. 나는 나고 너는 너다. 본성과 본능에 충실한 두 사람만이 남아 성적 유희에 탐닉한다. 육체적 관계가 주요 트리거로 작동하는 BL 장르물은 이와 같은 로맨스물의 새로운 트렌드를 집약적으로 보여준다.

길티 플레져

BL물, 특히 BL 웹툰과 BL 웹소설에서 재현되는 성적 수위는 상당히 높다. 성적인 의미로 톱(top)을 의미하는 '공'에 의한 데이트 폭력, 납치, 감금, 강제 성관계 등 이성애 로맨스물에서는 절대 용납될 수 없는 비윤리적인 사건이 빈번하게 발생한다. 그리고 그러한 사건이 계기가 되어 두 사람이 연인 사이로 발전하는 서사 전개가 주를 이룬다. 상대에게 비정상적으로 집착하고 강압적인 성향을 가진 가학적인 '공'이 '광공(狂攻, 미친 공)'이라고 불리며 오히려 인기가 더 높은 편이다.

제2회 레진코믹스 세계만화공모전 대상작인 BL웹툰 〈킬링 스토킹〉은 비극적인 과거를 가진 연쇄 살인마와 이 사실을 모르고 그를 쫓던 스토커가 감금의 가해자와 피해자로 한 집에 머물게 되면서 전개되는 이야기를 다룬다. 2017년 단행본 출간 첫 주 '아마존 이탈리아' 만화 부문 주간베스트 1위에 올랐으며 이탈리아 출간 소식을 접한 수천 명의 스페인 독자들의 온라인 청원으로 스페인어 종이책도 출간되었다. 〈킬링 스토킹〉은 유럽권을 포함해 전 세계적으로 인기를 모았지만 드라마 실사화(實寫化) 소식이 알려지자 원작 팬들조차 우려를 표할 정도로 선정성과 폭력성이 높다.

높은 성적 수위와 폭력적인 관계 설정에도 불구하고, BL 콘텐츠는 여성이 배제된 두 남성 간의 사랑이라는 장르성 덕분에 남녀관계에서 요구되는 '정치적 올바름(Political Correctness)'의 윤리적 비판에서 살짝 벗어나 있다. '수'를 담당하는 남자 등장인물에게 '여성성'이 부여됨으로써 성 역할이 전복된다는 점, 그리고 두 인물의 공수(攻守) 관계가 고정적이지 않고 유동적이라는 점이 기존 이성애 로맨스물 속 획일화된 남녀 인물 구도로부터 해방감을 선사한다는 것이다. 이러한 정서적 조응은 독자들에게 일종의 길티 플레져 (guilty pleasure)로 작동한다. 남성의 '야동'과 비교되며 BL물이 여성을 위한 '포르노그래피'로서 관대한 면죄부를 부여받는 것도 이런 심리적 카타르시스 때문이다.

서브컬처로만 여겨지던 BL 콘텐츠는 코로나 팬데믹이 시작된 2020년 이후, 한국, 일본, 대만, 태국 등 아시아를 중심으로 전세계 많은 사람들로부터 사랑을 받고 있다. 사회적 거리두기로 격리 상황에 놓인 사람들이 온라인 플랫폼을 통해 BL 콘텐츠를 접하게 된 것이 결정적 계기였다. 표현의 제한이 없는 웹콘텐츠와 19금(禁) BL 콘텐츠는 누가 봐도 '천생연분'이었다.

디지털 미디어를 등에 업고 서브컬처는 문화 콘텐츠 산업의 체제 유지를 위한 '서브'에서 실질적으로 문화를 주도하는 '메인'으로 등극하는 데 성공했다. 2016년 리디북스를 시작으로 알라딘, 네이버 등은 BL 콘텐츠 제작 투자비를 상향 조정하였으며 카카오페이지는 2021년 7월에 BL 파트를 별도로 신설했다. BL 팬들 사이에서 '여성향' 콘텐츠에 특화된 플랫폼이라고 평가받는 리디북스에서만 BL 신작이 한 달에 300종씩 쏟아진다. 코로나 팬데믹 이후, BL 콘텐츠는 기존 출판시장의 제약과 한계를 뛰어넘는 새로운 디지털 콘텐츠 산업 모델을 기반으로 다양한 미디어 믹스를 통해 비약적인 대중화를 이루었다.

대중적이지 않은 대중성

코로나 팬데믹 이후, 유튜브와 OTT 등 온라인 플랫폼에 대한 대중의 누적 시청 시간이 증가함에 따라 온라인 플랫폼에 대한 대중의 정서적 친밀감 또한 증가하였다. 시공간의 제약 없이 다양한 장르와 소재의 콘텐츠를 경험하게 되면서 '레거시 미디어' TV의 영향력은 자연스레 축소되었다. 최근 OTT 오리지널 시리즈가 OTT에 서비스된 다음, 케이블방송 채널을 통해 재송출되는 사례가 증가하고 있다. OTT에서 본방송을 방영하고 TV에서 재방송하는 식이다.

　미디어 위계 구조가 변화함에 따라 문화의 위계 구조도 자연스레 변화하였다. 온라인 플랫폼에서 향유하던 하위 문화도 이제 문화의 변방에 머물지 않는다. 웹툰과 웹소설을 원작으로 한 드라마 제작이 활발하다 못해 역으로 오리지널리티가 있는 드라마 찾기가 더 어려운 실정이다. 웹소설과 웹툰으로 대표되는 웹콘텐츠는 냉혹한 경쟁에서 살아남은 이야기, 그래서 스토리 밸류(story value)가 검증된 경쟁력 있는 콘텐츠로서 인정받으며 '21세기 문화원형' 신화(myth)가 되어가고 있다.

2022년 화제의 BL드라마 〈시맨틱 에러〉는 2018년 리디북스 BL 부문 대상을 차지한 19금(禁) 웹소설이 원작이다. 드라마는 12세 관람으로 성적 수위를 낮춰 BL 장르가 낯선 사람도 거부감 없이 볼 수 있도록 제작하였다. BL 웹툰과 BL 웹소설을 원작으로 제작되는 BL 드라마는 폭력적인 설정과 스킨십 장면을 대폭 축소하는 식으로 청소년 관람이 가능한 학원물·캠퍼스물로 각색하여 대중성을 높이는 전략을 추구하는 것이 일반적이다.

〈시맨틱 에러〉는 왓챠가 만든 오리지널 콘텐츠 가운데 역대 최대 성과를 기록하며 BL 콘텐츠들을 음지에서 양지로 끌어올리는 데 결정적인 역할을 했다는 평가를 받는다. 2014년 설립 이후 가입자가 많지 않은 일본 왓챠의 킬러 콘텐츠로서 전년 동기간 대비 일본 가입자 200% 증가에 공헌하기도 했다.

OTT 경쟁이 치열해지면서 경쟁 우위를 차지하려는 OTT 플랫폼의 전략도 OTT의 성격에 따라 다르다. 글로벌 OTT로서 막대한 제작비를 내세운 넷플릭스와 애플 TV+, 디즈니플러스와 달리, 토종 OTT 왓챠는 소수취향이지만 대중 취향으로까지 발전할 수 있는 다양한 장르들을 집중적으로 개발해왔다. 〈시맨틱 에러〉는 충성도 높은 BL 콘텐츠 매니아층을 대상으로 적은 예산으로 큰 수익을 낼 수 있는 가성비 높은 전략의 일환인 셈이다. 세분화된 타겟을 대상으로 하는 왓챠의 행보는 최근 문화 트렌드 '취향의 공동체'와 잘 맞아떨어진다.

최근 문화산업은 주류 문화에 가려져 있던 특정 취향과 감각의 사람들을 위한 다양한 비주류 문화에 맞춘 콘텐츠를 생산하고 소비한다. 개별적인 디지털 미디어 기기를 통한 직접적 즉각적인 콘텐츠 소비 방식이 다양한 층위의 세분화된 취향을 포용하는 비주류 콘텐츠 생산을 가능케 한 것이다. 그리하여 소위 대중문화예술 혹은 대중문화 콘텐츠로 통칭되는 '지금 여기'의 문화 콘텐츠는 아이러니하게도 전혀 대중적이지 않다. 대중적이지 않은 대중성. 대중성에 대한 재정의, 혹은 대중성에 대한 새로운 접근이 필요한 시점에 우리는 와 있다.

콘텐츠 파급력과 화제성

대중문화는 대중을 대상으로 하는 문화예술이다. 여기에서 대중은 지위·계급·직업·학력·재산 등의 사회적 속성을 초월한 불특정 다수의 사람을 의미한다. 대중에서 파생된 대중성은 불특정 다수의 관심과 취향에 부합하는 척도로 통상적으로 영화 관객 누적 수와 드라마 시청률 같은 양적 측면에 그 토대를 두고 있다. 하지만 최근 콘텐츠를 감상할 수 있는 미디어 채널이 다양화되면서 점차 대중성의 양적 평가보단 질적 평가에 관한 관심이 높아지고 있다.

이제 더 이상 TV 앞에 앉아 본방송을 고수하는 시청자들은 없다. VOD와 위성방송·케이블 채널, 그리고 OTT 플랫폼까지 우리는 원하는 시간과 원하는 공간에서 원하는 콘텐츠를 선택해 볼 수 있다. 심지어 콘텐츠 감상 배속을 선택해서 콘텐츠 분량까지 우리의 취향대로 조절할 수 있다.

코로나 팬데믹 이후 '디지털 실크로드'로 불리는 글로벌 OTT의 대약진으로 콘텐츠 생태계에는 큰 변화의 움직임이 생겨났다. 언제 어디서든 어떤 콘텐츠든 구독자의 취향과 감각에 따라 선택적으로 감상할 수 있는 시청환경이 보편화된 것이다. 때문에 양적 평가로의 시청률과 흥행성적은 객관적 지표로서 효용성을 상실하였다. 반면에 온라인 반응과 댓글 수, 동영상 클립 조회 수 및 SNS 실시간 트렌드 등 콘텐츠 파급력과 화제성을 판단할 수 있는 요소들이 중요시되기 시작하였다.

넷플릭스 오리지널 시리즈 〈오징어 게임〉은 넷플릭스라는 특정 플랫폼에서만 감상할 수 있는 구독 콘텐츠임에도 불구하고 세계적인 흥행에 성공한 '대중' 콘텐츠로 자리매김하였다. 〈오징어 게임〉의 놀라운 폭발력은 소셜미디어와 콘텐츠 플랫폼의 긴밀한 연결망으로 구성된 디지털 알고리즘에서 비롯되었다고 할 수 있다. 당시 한국 드라마의 넷플릭스 랭킹을 살펴보면 그 순위가 점차 높아지고 있었다. 그 상승세를 타고 〈오징어 게임〉은 유리천장이라 불리는 미국을 포함해 94개국에서 1위를 기록한 것이다.

긍정적인 파급효과는 같은 장르의 알고리즘에만 국한된 것이 아니다. 〈오징어 게임〉은 영화 〈기생충〉과 아이돌그룹 BTS를 잇는 K-세계관의 확장 버전으로 대중에게 인식되었고, 이러한 거대한 세계관 통합은 지난 한류열풍과 맞물려 전 세계를 아우르는 파급력을 가지게 되었다. 결국, 국내외 온라인상의 폭발적인 호응 덕분에 〈오징어 게임〉은 특정 플랫폼 '넷플릭스' 또는 특정 국가 '한국'의 콘텐츠가 아닌, 세계적인 드라마로 등극하며 아시아 최초로 에미상을 수상할 수 있었다.

대중적이지 않은 대중성, 즉 '디지털 노마드' MZ세대의 관심도가 곧 대중성의 주요 지표가 되어 전체의 일부가 전체를 대표하기 시작한 것이다. 디지털 플랫폼 시대의 '미다스 손', 이것이 모니터 화면에 가려진 MZ세대의 진짜 얼굴이다. 이제 MZ세대의 시선이 향하는 콘텐츠가 대중적으로 흥행에 성공한 것처럼 보이고, 바이럴 마케팅 효과 덕분에 실제로 흥행에 성공할 확률도 높아졌다. 콘텐츠 산업의 모든 눈이 MZ세대를 주목하는 이유는 바로 그들의 디지털 파급력 즉,

관심 자본으로 축적한 그들만의 새로운 자본력 때문이다. 디지털 네트워크에서 그들의 '관심'은 기성세대의 물질 자본과 차별화되는 그들만의 막강한 자산이다.

MZ세대의 디지털 놀이문화

'디지털 노마드' MZ세대는 시공간의 제약이 사라진 무한한 가능성의 세계, 즉 현실이 아닌 가상의 디지털 세계에서 그들만의 이상적인 메타버스를 건설하는 중이다. 이곳은 성별, 국적, 윤리 등 세상의 모든 이분법적 질서와 기준이 전복되는 혁명적 공간이다. 이름하여, 금기를 금기하라. 그들의 혁명은 가볍고 즐겁다. 그래서 확장력이 좋다.

남성 간의 동성애를 주요 모티프로 삼는 BL 콘텐츠의 기원을 찾아가면 MZ세대 특유의 놀이문화 팬픽션(fan fiction)으로 거슬러 올라간다. "우리나라는 'H.O.T', '동방신기' 등 아이돌그룹 팬픽으로 일군 BL물 역사가 이제 수면 위로 올라온 게 아닌가 싶다." 한-태국 합작 BL 드라마 〈기이한 로맨스〉를 연출한 공자관 감독의 인터뷰처럼 BL과 MZ세대의 남성 아이돌 팬덤 문화는 긴밀하게 연결되어 있다. 그동안 BL 콘텐츠에 관한 학술 연구가 독립적인 하나의 장르가 아닌 팬픽션 또는 알페스(RPS)로 불리는 아이돌 팬덤 문화의 일부로서 연구되어왔던 것도 그 때문이다.

최근 K-POP 아이돌 세계관과 아이돌 활동에는 BL 코드로 해석될 수 있는 키워드가 점차 증가하고 있다. 소위 '떡밥'이라고 불리는 BL코드는 2차 팬픽션을 포함한 N차 창작으로 확장되고 팬덤 자체의 스토리 담론을 뒷받침한다. BL의 세부 장르로서 팬픽션은 아이돌을 소비하는 중요한 방식 중 하나로 팬덤이 주체적으로 참여할 수 있는 놀이 문화로 작동한다. 디지털 미디어에 친숙한 MZ세대는 아이돌 팬덤의 주축이 되어 아이돌 캐릭터를 활용하여 그들만의 새로운 스토리를 생산하는 N차 창작자인 동시에 그것을 향유하는 소비자로서 막강한 존재감을 발산한다.

최근 아이돌 팬덤은 '떡밥'을 제공받는 것을 넘어 역으로 남성 아이돌에게 BL적 이미지를 요구하고 BL 콘텐츠 제작을 요구하는 단계로까지 나아가고 있다. 신인 아이돌 그룹 멤버가 BL드라마에 출연하여 인지도를 높이고 팬덤을 확장하는 사례는 이제 심심치 않게 발견된다. 여성향 BL 콘텐츠 플랫폼 헤븐리는 웹툰과 웹소설 기반 여성향 로맨스 판타지와 K-POP 아이돌 팬픽(fan fiction) 기반 스토리의 경계를 넘나드는 한국형 BL 장르를 개척하며 세계적으로 고유의 팬덤을 구축하고 있다.

중국 BL 또한 한국 BL과 다른 듯 비슷한 양상을 보인다. 중국 BL은 초기에 성애 묘사와 소재 면에서 상당히 자유로운 방식으로 향유되었으나 2014년 당국에 의해 대규모로 이루어진 '음란물 및 불건전 콘텐츠에 대한 제재'로 인해 직접적인 신체 묘사와 성애 묘사가 전면 금지되었다. 성애 장면은 직접적인 묘사 없이 맥락화되거나 비유적인 표현으로 에둘러 묘사된다.

중국 텐센트 조회수만 100억 뷰를 기록한 중국 드라마 〈진정령〉은 중국 BL 소설 『마도조사』 원작으로 소설 속 동성애를 브로맨스로 각색하여 제작되었다. 하지만 독자들은 스스로 삭제되고 편집된 이야기를 찾아 메워가는 방식으로 드라마를 N차 감상하는 열풍이 불었다. 중국 BL 드라마 〈산하령〉 역시 검열 때문에 다른 대사로 덧입혀진 장면을 팬들이 직접 찾아내 본래의 대사를 복원하거나 섹슈얼한 시점으로 등장인물의 스토리를 재해석해내는 N차 콘텐츠를 제작하였다.

'디지털 노마드' MZ세대는 사회적 제약과 구조적 한계 앞에서 망설임이나 두려움이 없다. 그들은 자유롭게 디지털 메타버스로 옮겨와 새로운 질서와 윤리를 세운다. 그들의 움직임은 기성사회의 철학과 신념을 해체할 만큼 유연하고 개방적이다. 그래서 혁명적이다. 이렇게 BL은 사회적 금기를 하나의 놀이로 향유하는 MZ세대만의 디지털 놀이문화 안에서 새롭게 재탄생하였다.

윤리적이지 않은 윤리성

BL 콘텐츠는 취향 공동체 중심의 서브컬처에서 문화 콘텐츠의 메인

스트림으로 '사회적 신분'이 급변하면서 오늘날의 대중문화 지형도에서 중요한 위치를 차지하고 있다. 달라진 위상과 영향력에 따라 BL에 관련된 논의도 작품 고유의 예술성뿐 아니라 BL의 사회문화적 의미이자 정치적 가능성에 대한 적극적인 탐색으로 확장되는 추세다.

작품 속에서 묘사되는 세계를 비교했을 때 BL은 성소수자의 삶을 현실적으로 그려내는 퀴어물과는 결이 완전히 다르다. BL은 매력적인 남성 캐릭터들의 로맨스와 로맨스의 낭만성에 주목한다. 때문에 성소수자가 직면한 현실을 왜곡한다는 점에서 비판을 받아왔다. 두 남자의 동성애를 다루고 있음에도 남녀 로맨스와 차이가 거의 없다. 하지만 그 점이 역으로 동성애를 이성애와 다르지 않게, 그래서 보편의 사랑으로 인식하게 한다는 점에서는 긍정적인 효과를 발생시키기도 한다. LGBTQ에 관련된 '정치적 올바름(Political Correctness)'의 윤리적 자장 안에 머무는 것이다. 이름하여, '윤리적이지 않은 윤리성' 새로운 윤리의 등장이다.

영국 〈더 이코노미스트〉가 주목한 태국 BL 드라마 〈2gether〉에서는 남성과 여성의 이성애, 남성과 남성의 동성애, 그리고 트랜스젠더 여성과 남성의 사랑까지 다양한 유형의 사랑이 등장한다. 그리고 그들의 사랑은 너무나 자연스럽게 그려진다. 드라마에서 재현된 가상의 BL 세계관은 세상의 모든 사랑이 동일한 가치로 존중받는 꿈의 이상향으로서 존재한다. 즉, 우리가 꿈꾸는 가장 이상적인 미래의 풍경이 드라마 안에서 사실적으로 재현되는 것이다.

최근 조사에 따르면 태국 BL물 팬 중 20% 이상이 게이인 것으로 나타났다. BL 문화의 소비자층이 이성애 여성에서 동성애 남성으로 확장되고 있는 것이다. 태국 유명 BL드라마 〈2gether〉의 주연 배우 브라이트는 여성에게 가장 인기 있는 남자 배우인 동시에 게이에게 가장 인기 있는 남자 배우로 선정되기도 하였다.

2023년 '지금 여기'의 BL 콘텐츠 그리고 나아가 우리가 사는 세계는 어떻게 변화할 것인가. BL 콘텐츠가 음지의 서브컬처에서 벗어나 대중화의 단계에 들어선 지 얼마 되지 않았다. 지나친 기대도 지나친 우려도 지금으로서는 너무 성급한 반응일지 모른다. 다가올 미래는 오늘을 살아가는 우리의 상상력 그 너머에 있다. 어제의 새로움이 오늘의 낡음이 되는 것은 문화 콘텐츠의 본래적 특성이다. 우리가 무엇을 상상하든 그 이상의 내일이 우리를 기다리고 있을 것이다. 세상에서 가장 유쾌하고 조용한 혁명이 우리 앞에 있다는 것만 기억하자. 그리고 즐기자. 그것이 2023년 우리에게 주어진 문화적 사명이다.

(2023. 5.)

참고자료

김효진, 「페미니즘의 시대, 보이즈 러브의 의미를 다시 묻다: 인터넷의 '탈BL'담론을 중심으로」, 《여성문학연구》 제47호, 한국여성문학학회, 2019.

류효현, 「글로벌 서브컬쳐 트렌드로서의 BL과 중국 BL」, 《중국문화연구》 제57호, 중국문화연구학회, 2022.

류효현·이가현, 「트랜스 동아시아 BL 대중화 경향 연구」, 《일어일문학》 제94호, 대한일어일문학회, 2022.

박주연, 「이제 음지에서 안 봐요, 태국 GL/BL 드라마의 인기」, 《일다》, 2023. 4. 10.

서동민, 「국산 스릴러 웹툰 '킬링 스토킹', 유럽 만화축제서 시선집중」, 《게임톡》, 2017. 11. 6.

문제의 본질은 그것이 아니다

– 문화예술계의 왜곡 · 편집 · 표절 논란

─────────

2022년 대한민국 문화예술계가 떠들썩하다. 호사다마(好事多魔)일까. 드라마 〈오징어 게임〉과 영화 〈기생충〉 그리고, BTS의 세계적인 성공으로 작년 한 해 대한민국이 즐거운 축제 한마당이었다면, 올해는 모든 축제가 끝난 뒤에 벌어지는 소란스러운 '뒤풀이'로 몸살을 세게 앓는 중이다. 드라마 〈수리남〉 사실 왜곡 논란과 드라마 〈안나〉 편집권 논란에 이어 작곡가 유희열의 표절 논란까지 사건·사고가 끊이질 않는다.

　뒤풀이는 일종의 맺음의식이다. 본 공연이 끝나고 뒤풀이를 거침으로써 판의 신명은 비로소 절정에 다다른다. 그때부터 제대로 된 판이 시작되는 것이다. K-콘텐츠의 세계적인 성공 이후 2022년 대한민국은 오늘과 내일의 경계에 서 있다. 지금 여기 우리는 어디를 향하고 있는가. 앞으로 나아갈 것인가. 아니면 그 자리에 멈춰 서 있을 것인가. 자, 세 건의 논란을 되짚어 보자. 현상은 복잡하지만, 본질은 의외로 단순하다.

드라마 〈수리남〉 사실 왜곡 논란

추석 연휴 첫날인 9월 9일에 맞춰 공개된 넷플릭스 오리지널 시리즈 〈수리남〉은 넷플릭스 비영어권 부문 1위를 차지하며 국내외 많은 관심을 모았다. 미국 대중문화 전문 매체인 디사이더는 "〈오징어 게임〉이후 최고의 한국 드라마"라고 극찬했고, 미국의 평점 사이트 로튼토마토에서는 시청자 평점 93%이란 높은 수치를 기록하였다. 하지만 높은 관심만큼 논란도 뜨거웠다.

　〈수리남〉은 남미의 작은 나라 수리남을 배경으로 한국인 마약상과 그를 잡기 위해 국정원 작전에 투입된 민간인 사업가의 이야기를 다룬다. 극 중 수리남은 인구 4분의 3이 마약 산업 관련자인 마약 생산국으로 묘사된다. 이에 대해 수리남 외교부 장관은 "드라마에 나온 것이 사실이든 아니든, 자국에 대한 부정적인 인식을 야기한다"며 "제작사를 상대로 법적 대응 가능성을 검토하고 있다"고 밝혔다. 때문에

'외교 마찰'로 비화할 가능성이 제기되며 수리남을 담당하는 주베네수엘라 한국 대사관에서 수리남 교민들에게 "조심하라"는 지침을 내리기도 했다.

〈수리남〉 사실 왜곡 논란을 둘러싼 견해는 크게 둘로 나뉜다. 하나는 창작품으로서 표현의 자유를 인정해야 한다는 입장이다. 〈수리남〉에 관한 언론보도 대부분은 드라마 모티프가 되는 실화와 드라마의 차이를 분석하는 내용으로 실제 이야기가 너무 극적이라서 오히려 리얼리티가 떨어져 보일까 봐 극적인 설정을 축소했다는 것이다. 시나리오를 집필한 윤종빈 감독이 실제 인물을 여러 번의 취재했다는 것과 실화 속 주요 인물인 마약왕 조봉행과 관련된 또 다른 사건이 영화 〈집으로 가는 길〉(2013)로 제작되었다는 것도 자주 언급된다.

다른 하나는 K-콘텐츠의 국제적 위상이 높아진 지금, 드라마의 사회적 영향력을 고려하여 국가와 종교, 지역 등 특정 집단을 부정적으로 묘사할 때는 공적 책임감이 가져야 한다는 입장이다. 〈수리남〉은 특정 국가에 관한 사실 왜곡 논란뿐 아니라 극 중 마약왕의 직업이 목사로 설정된 것을 두고 왜곡된 종교관을 심을 수 있다는 비판이 제기되었고, 마약 거래의 주요 배경이 되는 차이나타운 또한 중국 이미지 왜곡에 대한 비판이 중국 매체를 통해 보도되었다.

위에서 언급한 〈수리남〉 논란을 둘러싼 상반된 두 견해는 〈수리남〉이라는 특정 드라마에 국한되지 않고, 대중예술로서 드라마를 바라보는 관점의 차이를 보여준다. 하나는 감독과 작가의 창작품으로서 드라마의 사적 영역에 토대를 두고 표현의 자유에 초점을 맞춘다면, 다른 하나는 드라마의 공적 영역에 방점을 찍고 극에서 재현되는 사회 윤리에 주목한다.

문제의 본질은 사실 왜곡이 아니다. 〈수리남〉 논란의 본질은 '픽션'인 드라마에 대한 인식이다. 다시 말해, 이 논란에서 중요한 것은 '드라마란 무엇인가'에 관한 판단 기준이다. 그리고 이건 '틀림'이 아니라 '다름'의 영역에 속한다. 결국 〈수리남〉 논란은 그 어떤 가치판단의 절대적 승리나 일방적 수렴 없이 팽팽한 대립 구도를 유지할 수밖에 없다. 또한 〈수리남〉 이후의 또 다른 〈수리남〉에서는 더 거세게 확장될 것이다.

K-드라마의 영향과 파급효과는 이제 전 지구적인 규모로 확장되었다. 과거에는 한국 국경 밖으로 나가기도 어려웠지만 나간다고 해도 남미의 수리남까지 도착했을 때는 한국에서 〈수리남〉은 이미 옛날 작품이 되어버렸을 것이다. 그리고 수리남발 논란은 후일담에 지나지 않았을 것이다. 하지만 지금은 그렇지 않다. 한국에서 제작된 드라마가 넷플릭스에 업로드되면 전 세계가 시공간의 제약 없이 함께 시청한다. '디지털 실크로드' 글로벌 플랫폼이 열어놓은 드라마의 신세계에서는 유통과 배급의 순차성이 사라졌다. 이슈의 단계적 분절과 순차적 지연도 존재하지 않는다. 드라마가 공개되는 즉시 이슈와 논란

도 실시간 전 지구적으로 공유되고 확산된다.

드라마 〈안나〉 편집권 논란

쿠팡 오리지널 시리즈 〈안나〉는 공개된 2022년 6월 첫 달에만 쿠팡
플레이 이용자수가 60만 명이 증가할 만큼 OTT계의 후발주자인 쿠
팡플레이의 대표 콘텐츠로 자리매김하였다. 하지만 얼마 지나지 않아
드라마 편집권을 두고 쿠팡플레이와 이주영 드라마 감독이 갈등을 빚
었다는 사실이 드러나면서 큰 파장이 일었다. 이주영 감독은 쿠팡이
일방적으로 작품을 편집해 완전히 다른 작품이 됐다고 밝혔다. 기존
에 8부작인 것을 6부작으로 줄이고, 쿠팡플레이가 자체적으로 분량
을 줄이는 과정에서 서사·촬영·편집·내러티브의 의도 등이 모두 크
게 훼손됐다는 것이다.

쿠팡 측은 즉각 반박 보도자료를 배포하였다. 드라마 공개에 앞서
이주영 감독과 논의를 시도했으나 원활히 진행되지 않아 불가피한 선
택이었다는 것이다. 양측의 입장이 첨예하게 갈리면서 법적 분쟁으로
번지려는 가운데 한국영화감독조합이 중재에 나섰다. 하지만 쿠팡플
레이의 사과 진위를 두고 양측의 '진실 공방'이 벌어지면서 〈안나〉를
둘러싼 갈등은 한층 심화하였다. 현재 양측은 서로 법적 조치에 들어
갈 것을 예고한 상태다.

이번 논란의 쟁점은 얼핏 보면 편집권으로 보인다. 하지만 이것은 계약서에 최종 편집 권한이 누구에게 있다고 적혀 있는가의 단순한 문제가 아니다. 쿠팡 측과 이주영 감독, 나아가 한국 콘텐츠 산업 관계자들까지 이번 논란의 결과에 이목을 집중하는 까닭도 그 때문이다. 이번 논란에서 편집권이 가지는 의미는 편집권 그 이상이다.

글로벌 OTT의 등장으로 콘텐츠 제작에 거대 자본이 투입되고 한국 콘텐츠 산업에는 많은 변화가 생겼다. 그리고 그 모든 변화의 배경에는 콘텐츠를 창작자의 고유한 '작품'이 아닌 높은 수익성을 자랑하는 '상품'으로 바라보는 시각의 확산이 자리한다. 쿠팡 측이 이주영 감독에게 '왜 모든 것에 의미를 담아 만들었느냐'고 질책하고 편집을 요구한 것과 그것을 관철하는 방식이 굉장히 폭력적이고 강압적이었던 것, 그리고 자신들이 원하는 방향으로 편집해서 드라마가 호평을 받은 것이라고 당당하게 주장을 펼칠 수 있었던 것은 모두 드라마를 하나의 상품으로 바라보았기 때문이다.

그렇다면 〈안나〉를 둘러싼 편집권 논란의 본질은 무엇일까. 표면적으로는 드라마를 대체 불가능한 한 편의 고유한 작품으로 바라보는 창작자와 하나의 상품으로 바라보는 영리 기업의 시각 차이처럼 보인다. 하지만 본질은 그것이 아니다. 여기서 중요한 것은 창작과 제작 과정의 지배권을 둘러싼 창작자와 기업의 '쟁투'다.

과거에도 투자자로서 기업은 '갑'의 지위를 가지고 있었다. 하지만 일단 투자가 확정되고 슈팅에 들어가면 창·제작 과정을 지배하는 '갑'의 지위는 창작자의 몫이었다. 그런데 이번 〈안나〉에서는 투자를 확정한 이후의 창·제작 과정을 기업이 지배하려고 시도하면서 갈등이 발생하였다. 여기에서 우리가 주목할 것은 드라마란 콘텐츠를 창작자의 고유한 작품이 아닌 OEM, 즉 주문자 위탁 생산품이라고 당당하게 주장하는 기업의 출현이다.

자본과 유통망을 확보한 기업이 생산능력을 가진 제조업체에 자사에서 요구하는 상품을 위탁 가공하여 자사의 브랜드로 판매하는 OEM의 시대가 문화예술계에서도 개막한 것일까. 분명한 것은 드라마를 부가가치가 높은 상품으로 확신하고 투자에 나서는 기업이 급증하고 있다는 사실이다. 물론, 그들은 단순한 투자가 아니라 상품의 성공 가능성을 높이기 위한 '자사의 요구'를 충실히 이행할 제조하청 업체를 찾을 것이다. 또한 발주, 검수 부서에 시장의 상품성뿐만 아니라 하청 제조업자인 창작자 못지않은 작품 감식안을 가진 인력을 보강하여 창·제작의 과정을 지배하려 들 것이다. 결국, 앞으로 창작자와 기업의 충돌은 더욱 거세질 수밖에 없다.

작곡가 유희열의 표절 논란

2022년 6월, 작곡가 유희열이 소속사 안테나의 브랜드 협업 프로젝트《생활음악》을 통해 발표한 노래 〈아주 사적인 밤〉이 사카모토 류이치의 〈Aqua〉와 유사하다는 의혹이 불거졌다. 이후 유희열이 작곡한 다른 노래들에 대해 잇따라 표절 의혹이 제기되면서 논란이 증폭되었다.

여러 뮤지션과 음악평론가들이 표절 시비를 가리는 데 연이어 동참하며 갑론을박이 이어졌다. 하나의 의견과 그에 대한 반박, 그리고 반박의 반박이 꼬리에 꼬리를 물듯 등장했다. 이런 격렬한 논쟁의 배경에는 제각각 다른 음악관과 그것에서 파생된 표절에 대한 상이한 평가 기준이 존재한다. 음악이란 무엇인가. 표절이란 무엇인가. 다양한 스펙트럼의 '음악관'과 '표절관'이 결합된 형태의 유희열 표절 논란은 명확한 대립 구도를 가진 〈안나〉의 편집권 논란과 〈수리남〉의 사실 왜곡 논란보다 훨씬 더 복잡한 양상을 보였다.

결국 유희열 표절 논란은 표절에 관한 절대적 기준의 부재를 재확인하고, 저작권 침해 관련 강력한 법 제정을 촉구하는 것으로 수렴되었다. 매년 예술계 저작권 논란은 지속되어 왔다. 이번 표절 논란만 하더라도 법적 기준이 개선되지 않아 문제가 반복되었다는 비판이 제기되었다. 하지만 강력한 법 제정만으로 표절 문제를 해결될 수 있을지는 확신하기 어렵다.

표절은 원작자가 고소해야 성립되는 친고죄다. 외국에선 표절 시비가 소송으로 이어지는 일이 종종 발생해 표절 판정을 받기도 한다. 하지만 국내에선 당사자 간 협의로 마무리되거나 흐지부지 넘어가는 경우가 많다. 실제 저작권 논란으로 법정까지 가는 사례는 극히 드물다. 이번 유희열 표절 논란만 해도 원곡자인 사카모토 류이치가 두 곡의 유사성은 인정하였으나 법적 조치를 취하지 않았다.

왜 국내에선 유독 표절 논란으로 법정에 가는 경우가 드물까. 단순히 절대적 평가 기준의 부재 때문일까. 그동안 대중음악에 있어 관련 법규의 개정이 미진했던 배경에는 음악을 법의 기준으로 평가한다는 것에 대해 정서적 불편함이 자리한다. 법적 평가의 대상이 아닌 양심의 문제, 윤리의 문제라는 인식이 지배적이었기 때문이다. "표절이든 아니든 유희열의 수치" "법보다 양심의 문제" "도덕적 해이"라는 제목의 기사가 대표적이다. 그리고 양심과 윤리의 심판자는 법원이 아니라 작품의 향유자들인 대중의 여론이었다.

이번 유희열 표절 논란이 강력한 법 제정을 촉구하는 움직임으로 이어진 것은 대중의 인식이 변화해서가 아니다. 그렇다고 문제의 본질이 윤리의 문제에서 법률의 문제로 전환된 것도 아니다. 우리가 눈여겨볼 것은 바로 양심의 문제에서 '수익'의 문제로의 전환이다. 다시 말해, 그동안 가려져 있던 음악이란 작품(상품)을 생산하고 배급하는 기업이 가장 주요한 이해당사자로 모습을 드러낸 것이다. 표절 의혹과 함께 저작권료 수입에 관한 기사들이 주목을 받았던 것도 그 때문이다.

2022년 문화예술계의 현상과 본질

2022년 대한민국 문화예술계를 떠들썩하게 한 왜곡·편집·표절 논란. 흥미롭게도 문제의 본질은 왜곡도, 편집도, 표절도 아니다. 그렇다고 예술을 바라보는 관점의 대립도 아니다. 예술관의 차이는 어느 시대에나 있었고, 예술이 존재하는 한 계속될 것이다. 2022년 한국 문화예술계의 왜곡·편집·표절 논란의 근본적 배경은 바로 '예술 환경의 변화'다.

지금까지 문화예술의 생태계는 작품을 생산하는 창작자와 이를 향유하는 대중들에 의해 형성되고 지탱되었다. 앞서 언급한 세 사건에서 논란의 방아쇠를 당긴 것은 각 사건의 이해관계자였다. 하지만 그 논란을 사회적 이슈로 쟁점화하여 스스로 담론의 주체로 나선 것은 일반 대중이다.

문화예술 생태계에서 대중의 영향력 강화는 20세기에 나타난 상대주의로의 패러다임 전환과 분리하여 생각할 수 없다. 창조주로서 창작자의 지위는 하락했고 대중은 작품을 감상하는 소극적 향유의 단계에 머물지 않고 작품의 의미를 재창조하는 적극적 향유의 단계에 도달하였다. 세상에는 작품에 대한 하나의 절대적인 참 해석이 없으며 하나의 절대적인 창작자도 없다. 예술 앞에서 만인이 평등한 세상이 도래하기 시작한 것이다.

대중의 약진에 따라 창작자의 절대적 지위가 현저히 약화된 가운데 창작자를 결정적으로 위협하는 도전자가 2022년 문화예술 생태계에 출현하였다. 바로 '자본과 기업'이다. 창작자와 향유자인 대중을 매개하는 자본과 기업의 존재는 예전에도 있었고 그 역할은 그때에도 굳건했다. 달라진 것이 있다면 그동안 보이지 않는 손으로서 매개하는 역할에 머물렀던 그들이 전면에 등장하여 '작품보다 상품'이 지배하는 문화예술 생태계를 주도하기 시작하였단 사실이다.

세계적인 성공 이후 2022년 대한민국 문화예술계는 오늘과 내일의 경계에 서 있다. 지금 우리 앞에 펼쳐진 현실은 각양각색의 예술관이 혼재되어 무질서하고, 예술을 향한 모든 가치판단의 실효성에 의문을 제기해야 할 것처럼 보인다. 하지만 예술은 세상의 모든 것으로부터 자유로운 동시에 세상 그 모든 것과 영향을 주고받으며 변화한다. 심지어 예술이 더는 작품이 아닌 상품임을 선언하고 있는 자본과 기업까지도 변화하는 문화예술 생태계를 움직이는 새로운 에너지임에는 분명하다. 2022년 '지금 여기'의 문화예술 생태계는 어떻게 변화할 것인가. 어쩌면 지금 이 순간 우리의 이성과 감성이 미치지 못하는 제3의 영역에서 새로운 시대의 예술은 만들어지고 있는지 모른다.
(2022. 12.)

현실과 판타지의 적절한 균형을 찾아서

– 드라마 〈재벌집 막내아들〉을 중심으로

지난 9월 〈재벌집 막내아들〉은 '서울드라마어워즈 2023' 국제경쟁 부문 미니시리즈 작품상 수상에 이어 국제 에미상(International Emmy Awards) TV 영화·미니시리즈 부문 최종 후보에 올랐다. 국제 에미상 은 캐나다의 반프 TV 페스티벌, 모나코의 몬테카를로 TV페스티벌과 함께 세계 3대 방송상으로 불린다. 그렇다. 지금이 2022년 최고의 화 제작 〈재벌집 막내아들〉을 다시 '읽기'에 적절한 타이밍이다.

2022년 드라마 화제작은 단연 〈재벌집 막내아들〉이다. 동명의 웹 소설 원작인 이 드라마는 웹소설 연재 당시 이미 굉장한 인기를 누리고 있던 흥행 보증수표였다. 드라마 제작사 래몽래인은 IP확보를 위해 176억 원을 공동투자하며 단순 외주 제작을 넘어 판권과 2차 판매 수익을 극대화하겠다는 전략을 수립할 정도였다. 드라마 줄거리는 간단하다. '재벌 총수일가의 오너리스크를 관리하는 비서가 살해당한 후 재벌가의 막내아들로 회귀해 인생 2회차를 산다.'

드라마는 픽션이다. 정확히는 현실에 있을 법한 허구의 세계를 다룬 픽션이다. 드라마는 현실에 기반하되 현실에는 없는, 그래서 대중들이 보고 싶어 하고 듣고 싶어 하는 것, 그러니까 대중들이 원하는 것을 보여줘야 한다. 그런 의미에서 모든 드라마는 현실과 판타지 사이에서 적절한 균형을 찾기 위해 부단히 노력한다.

드라마 〈재벌집 막내아들〉은 한국 드라마의 최신 트렌드인 '사적 복수'와 웹툰과 웹소설의 흥행 공식인 '회귀 서사'를 전면에 내세워 드라마의 환상성을 극대화하는 전략으로 대중들의 마음을 빠르게 사로잡는다. 최근 한국 드라마에서 유행했던 다크 히어로물은 주인공이 복수를 위해 절치부심하는 과정을 다루지만 회귀물과 결합한 사적 복수는 그런 지난한 노력의 과정 없이 다시 태어나는 방식으로 복수를 감행한다. 때문에 서사 속도가 더 빠르고, 보는 사람에게는 더 큰 통쾌함을 선사한다.

하지만 죽은 사람이 다시 태어나고 한 사람이 두 사람의 인생을 산다는 설정은 서사적 개연성 측면에서 시청자의 몰입감을 떨어트리는 위험 요소임이 분명하다. 드라마 〈펜트하우스〉(2022)의 경우, 극 중 주요 인물들이 연이어 사망하고, 그 죽은 사람들이 다른 사람인 양 다시 살아 돌아와 이야기를 이어나가는 인위적인 서사 전개로 많은 비난을 받았다.

그렇다면 〈재벌집 막내아들〉은 현실과 판타지의 적절한 균형값을 어떻게 맞춘 것일까. 〈재벌집 막내아들〉은 캐릭터의 판타지성을 부각시켜 방송 3회 만에 시청률 10%대를 돌파하는 한편 드라마에 내재한 '현실 감각'을 강화하는 전략을 통해 작품 자체의 내적 완결성을 높인다. 그 결과, 최고 시청률 26.9%로 JTBC의 역대 드라마 시청률 중 2위를 기록하였고 세계적인 흥행에도 성공하였다.

현실 감각을 강화하는 4가지 서사 전략

1. 시대 감각

드라마 초반, 시청자의 시선을 사로잡은 것은 주인공 윤현우가 아니라 진양철 회장이다. 〈재벌집 막내아들〉의 주요 배경은 순양 그룹으로 극 중 진양철 회장은 한국의 근현대사를 관통하는 굴곡진 역사의 흐름 안에서 뚝심 있게 회사를 키워온 입지적인 인물로 그려진다. YS와 DJ 단일화 결렬, KAL기 폭파사건, 분당 땅값 상승, IMF, 월드컵 4강 진출…. 드라마에 활용된 역사적 사건은 드라마와 현실의 싱크로

율을 높임으로써 시청자들의 몰입감을 높이는 데 큰 역할을 담당한다.

특히 불굴의 의지로 미래를 개척해나가는 진양철 회장의 추진력은 세계적인 기업으로 성장한 한국 모 기업의 성공 스토리를 연상시키며 2022년 지금 여기의 우리에게 롤모델로 인식되기에 이른다. 코로나 팬데믹 이후, 불확실한 미래와 만성화된 절망은 우리가 사는 시대의 디폴트값이 되었다. 극 중 기업을 지키고 혁신하기 위해 자기희생을 감수하는 진양철 회장의 자본주의적 신념은 시청자들에게 강렬한 인상을 남기며 악역마저 응원하게 만드는 기묘한 매력을 발산한다.

2. 세대 감각

코로나 팬데믹 이후 미디어로서 TV의 의존도는 현저히 낮아졌다. OTT를 포함한 디지털 미디어 선호도가 큰 폭으로 상승하였으며 이는 드라마의 주요 시청자층이라고 할 수 있는 2049의 세대 감각과 긴밀하게 연결된다. '본방사수'의 시청방식은 이제 기본 설정값이 아니다. '몰아보기'와 '다시보기', 혹은 드라마 소개 유튜브 동영상으로 '요약보기'까지 다양한 시청방식이 공존한다. 방영과 시청이라는 직선적 시간관이 해체되고 원하는 장소와 시간에서 언제든 시청이 가능한 순환적 시스템이 자리를 잡았다. 방영 당시에는 저조한 시청률 탓에 '죽은' 드라마도 '알고리즘의 신'(알신)의 간택을 받으면 화려하게 부활할 수 있는 무한 순환의 유니버스가 열린 것이다.

'이번생은 망했다'는 의미의 '이생망'이란 말이 한때 유행한 적이 있다. 당시에는 '망했다'는 것에 주목해 MZ세대의 절망에 주목했지만 지금 이 말은 다른 의미로 해석이 가능하다. 이번 생은 망했지만 다음 생은 망하지 않을 수 있다. 웹소설과 웹툰에서 일명 '회·빙·환(회귀, 빙의, 환생)'이라고 불리는 설정이 성공 법칙으로 활용될 수 있는 배경에는 N차 인생을 너무나 자연스럽게 받아들이는 순환적 미디어 경험이 자리하고 있다. 특히 같은 플레이를 반복하는 게임 콘텐츠에 대한 경험치가 다른 세대에 비해 현저히 높은 2049세대에게 〈재벌집 막내아들〉 속 윤현우의 2차 인생은 멀티버스에 사는 또 하나의 '나'로 인식되어 이질감이 발생하지 않는다.

3. 미래 감각

드라마 속 주인공의 N차 인생은 최근 몇 년 사이 한국 드라마 속 '알고 보는 추리 서사'라는 독특한 트렌드와 결을 같이 한다. 드라마 〈어게인 마이 라이프〉(2022)는 살해를 당한 후 다시 과거로 돌아와 복수를 계획하고 실행에 옮기는 인생 2회차 복수극으로 드라마의 주요 서사가 주인공과 시청자 모두에게 이미 공유된 상황에서 진행된다. 앞으로 어떤 사건이 발생할지 다 알지만 드라마는 사실적인 실감과 함께 극적 긴장을 팽팽하게 유지한다.

중요한 것은 사연 많은 죽음이 아니라 '미래를 아는 예지력'이다. 이것이 〈아내의 유혹〉 〈펜트하우스〉로 대표되는 드라마 작가 김순옥의 '막장 부활' 세계관과 구별되는 점이다. 〈재벌집 막내아들〉에서 30대 대기업 비서팀장 윤현우는 살해당한 다음 1987년 10대 초등학생 진도준으로 다시 태어난다. 미래를 알고 있는 윤현우는 승승장구하며 기업 후계자로 등극하는 데 성공한다. 고난은 미리 피하고, 기회는 미리 잡는다. 그렇게 윤현우의 성공은 이미 결정되어 있다. 코로나 팬데믹 이후 불확실성에 대한 강한 반감 또는 트라우마가 만들어낸 이 시대의 새로운 미래 감각, 그것이 바로 '알고 보는 드라마' 속 N차 인생이 시청자에게 주는 정서적 편안함과 통쾌한 카타르시스다.

4. 계급 감각

코로나 팬데믹을 기점으로 빈부 격차가 심해지고 계급 갈등이 악화하면서 갑과 을의 이분법적인 세계관에 입각한 한국 드라마가 전 세계적인 사랑을 받고 있다. 하지만 점차 한국 드라마의 누적 시청 시간이 늘어나면서 세계 인식에도 변화의 움직임이 있다. 최근 한국 드라마에는 '갑에 의해 핍박받는 분노에 찬 을'이 아닌 '이상적인 갑이 되기 위해 고뇌하는 을'의 모습이 등장한다.

드라마 〈슈룹〉(2022)은 후궁 출신으로 서자인 아들을 왕위에 앉힌 대비와 집안 좋은 다른 후보를 제치고 세자빈이 되었던 중전, 즉 신분

사회인 조선 시대에서 신분 상승을 이루어낸 두 여성의 대립 구도를 통해 '성공한 을'의 이상적인 모습에 대해 천착한다. 비슷한 시기에 방영된 드라마 〈금수저〉(2022) 또한 극 중 금수저 이승찬과 흙수저 황태용의 삶이 여러 번 바뀌면서 그 과정에서 갑과 을의 존재론적 성찰을 유도하는 주제 의식을 다층적으로 담아낸다.

〈재벌집 막내아들〉 속 세계는 갑과 을의 이분법적 구분이 명확하지만 윤현우의 2차 인생을 통해 이상적인 갑이 되기 위해 노력하는 을의 모범 사례를 보여준다는 점에서 기존의 한국 드라마가 그려낸 평면적 세계에 입체감을 부여한다. 특히 선과 악의 중립지대에 존재하는 진양철 회장의 남다른 행보는 사회지도층의 책임과 의무에 대한 환기를 불러일으키는 효과를 발휘하며 K-드라마 속 세계관의 확장을 예고하기에 충분하다.

〈재벌집 막내아들〉 엔딩을 대하는 태도

안타깝게도 〈재벌집 막내아들〉은 마지막 회가 방영되고 나서 16부작을 정주행했던 시청자들로부터 분노와 질타의 대상이 되었다. "용두사미"라는 점잖은 혹평부터 "재벌집이 국밥집이 되었다"라는 모욕적인 비아냥까지 다양한 비난과 비판이 인터넷을 뒤덮었다. 극 중 윤현우가 진도준으로 살았던 17년의 회귀 인생이 모두 '꿈'이었던 것으로 밝혀졌기 때문이다. 첫 화에서 납치돼 총을 맞은 윤현우가 일주일 동안 의식불명 상태에 빠졌고, 그동안 진도준의 17년의 삶을 꿈으로 체험한 것이다.

윤현우의 2회차 인생이 한낱 꿈에 불과했다는 극적 설정은 아이러니하게도 〈재벌집 막내아들〉의 현실 감각을 강화하기 위한 서사전략의 일환이다. 재벌 비서가 재벌 후계자로 다시 태어나는 설정의 허구를 스스로 부인함으로써 시청자들에게 판타지의 세계에서 엄연한 현실로 돌아갈 것을 비정하게 요구한 것이다. 판타지로 기운 서사의 균형을 현실과 정직하게 맞추고자 한 용감한 엔딩 전략은 불행히도 제작진(작가)이 각오한 것보다 훨씬 참혹한 결과에 직면했다.

〈재벌집 막내아들〉 엔딩에 쏟아진 시청자들의 혹평은 그동안 드라마를 향한 뜨거웠던 호응의 반작용이라고 할 수 있다. 방영 내내 현실감을 기반으로 판타지로 달려가는 이야기에 열광하며 쫓아온 시청자들에게 갑자기 정신 차리고 현실로 돌아가라고 한 것이다. 배신도 이런 배신이 없다. 현실은 드라마가 굳이 일깨워주지 않아도 드라마 밖의 냉엄한 현실이 날마다 일깨워준다. 〈재벌집 막내아들〉의 엔딩에 대한 격렬한 반발은 너무나 당연한 결과였다.

그럼에도 〈재벌집 막내아들〉이 2022년 최고의 화제작이란 사실에는 변함이 없다. 해외 판권은 일찌감치 팔려 글로벌 170여 개국의 방영을 확정했고, 티빙, 넷플릭스, 디즈니 플러스 등 국내외 메이저 OTT 세 군데에 업로드되어 세계 어디서든 〈재벌집 막내아들〉을 볼 수 있다. 〈재벌집 막내아들〉이 170개국을 돌고 난 다음, 2023년 K-드라마는 윤현우의 꿈을 진도준의 현실로 바꾸기 위한 어떤 기획을 내놓을까. 드라마는 끝났다. 하지만 우리가 사는 현실은 네버엔딩 시즌제 드라마처럼 현재 진행형이다. (2023. 10.)

윤여정론: 세상에서 두 번째로 연기 잘 하는 배우

———————

2021년은 윤여정의 해다. 그녀는 한국영화사 최초로 아카데미 시상식에서 연기상을 받으며 세계적인 배우로 우뚝 섰다. 그런데 그녀에게 큰 영광을 안겨준 영화 〈미나리〉에서 그녀는 주인공이 아니다. 주인공 모니카의 엄마 역할, 즉 '조연'이다. 그녀가 받은 상의 타이틀 역시 여우'조연'상이다. 영화 안 조연이 영화 밖에서 주연보다 더 빛난 조연이 된 것이다.

윤여정은 영화 〈화녀〉에서부터 〈하녀〉 〈돈의 맛〉 〈다른 나라에서〉 그리고 〈미나리〉에 이르기까지 영화배우로서 큰 주목을 받았다. 배우 윤여정의 빛나는 시간은 전부 영화의 차지다. 하지만 그녀의 가장 중요한 순간에는 드라마가 자리하고 있다. 그녀가 연기를 시작하고

(1966년 TBC 공채 탤런트 3기), 그녀가 배우로서 처음 연기력을 인정받고(1971년 드라마 〈장희빈〉), 그녀가 긴 공백기를 거쳐 재기의 발판을 다지게 된 것(1987년 드라마 〈사랑과 야망〉) 그리고 그녀가 배우가 아닌 한 인간으로서 삶의 존엄성을 지켜나간 것은 모두 드라마를 통해서였다.

윤여정의 드라마

영화에서 윤여정은 당대의 상식에서 벗어난 문제적 인물로 등장해 인상적인 연기를 펼친다. 하지만 드라마에서의 윤여정은 다르다. 우리가 기억하는 드라마 속 윤여정은 주변에서 흔히 볼 수 있는 엄마와 아내, 그리고 할머니의 얼굴이다. 배우 윤여정의 인생에서 영화가 한여름 밤의 꿈처럼 도전과 모험의 무대라면 드라마는 그녀가 기나긴 하루를 견뎌내는 삶의 현장이다.

2010년 영화 〈하녀〉로 칸국제영화제에 진출한 직후에도 윤여정은 일일극 〈황금물고기〉에서 경산의 아내로, 주말극 〈내 마음이 들리니〉에서 영구 엄마로 출연했다. 2021년 한국 배우 최초로 아카데미 연기상을 받고도 달라진 것은 없다. 그녀는 일제강점기를 배경으로 4대에 걸친 가족과 주변 인물들의 이야기를 다룬 드라마 〈파친코〉에서 또 한 명의 엄마와 할머니로 출연 중이다. 뜨거운 기립박수와 함께 영화의 막이 내리고 그녀는 스크린 밖으로 뚜벅뚜벅 걸어 나와 누구보다 친숙한 얼굴로 조용히 드라마로 평범한 일상으로 돌아간다.

영화 속 인물이 두 시간짜리 짧고 강렬한 삶을 산다면 드라마의 등장인물은 수십 수백의 긴 시간 동안 길고 느린 호흡으로 인생을 살아낸다. 그렇게 희로애락의 모든 것을 고스란히 온몸으로 겪어낸다. "어렵게 연기 기회를 잡을 때마다 주연과 조연을 가리지 않고 최선을 다했다"는 그녀의 말처럼 그녀의 인생을 묵묵히 지탱해온 것은 화려하진 않지만 한결같이 그녀의 곁을 지켜낸 드라마다. 윤여정의 삶에서 드라마는 가장 중요한 '조연'이다.

윤여정의 드라마 연기

윤여정에게 거창한 연기론 같은 것은 없다. 누구처럼 예술이 나를 구원할 것이라고, 연기자가 나의 천직이라고 그녀는 말하지 않는다. "나는 살기 위해서, 살아가기 위해서 목숨 걸고 한 거였어요." 드라마가 그녀에게는 삶이고 현실이었듯 그녀의 연기는 과장되지 않은 다큐멘터리를 닮아있다. 영화에서의 그녀는 파격적이고 독특한 캐릭터를 완벽하게 소화해내 큰 주목을 받는다. 하지만 드라마에서 그녀는 누군가의 아내와 엄마와 할머니로서 다른 등장인물과 함께 어울리며 조화로운 연기를 선보인다.

지금까지 출연한 100여 편의 드라마에서 그녀가 맡은 역할은 비중도 캐릭터도 다 다르다. 하지만 그녀 혼자 튀지 않는다는 점에서는 유사하다. 들숨과 날숨의 자연스러운 리듬으로 그녀는 호흡하듯 자신이 맡은 역할에 조용히 스며든다. 다림질하는 장면에서 그녀는 연기가 몸에 익을 때까지 다리미를 들고 옷을 다리며 100번씩 대사를 연습한다.

윤여정은 그녀 특유의 사실적인 연기로 어딘가 있을 법한 인물을 창조해낸다. 드라마〈네 멋대로 해라〉에서 그녀는 남편의 폭력을 피해 어린 아들을 버리고 집을 나갔다가 돈이 필요해 돌아온 중년 여성을 연기한다. 극중 그녀는 성인이 된 아들에게 이제까지 단 한 명도 자신을 아껴주는 남자를 만나지 못했다고 하소연한다. 이때 윤여정은 눈가를 딱 한 번 훔친다. 신세를 한탄하며 통곡하기보다 무덤덤하게 눈물을 삼키는 것으로 슬픔을 극대화한다. 그렇게 그녀는 아들을 버린 매정한 엄마가 아닌 사랑을 갈구하는 평범한 사람의 얼굴을 탄생시킨다. 윤여정에게 드라마는 삶이고 삶은 곧 드라마다. 인생을 연기하는 배우, 그녀가 바로 윤여정이다.

윤여정의 드라마 작가

김수현과 노희경, 두 작가와의 만남을 통해 윤여정은 그녀만의 '오리지널' 드라마를 제작한다. 행복과 불행이 어지럽게 교차하는 인생의 롤러코스터 앞에서 '배우' 윤여정은 언제나 김수현 작가와 함께였다. 1972년 만 25세의 신인배우 윤여정은 김수현 작가가 집필한 드라마 〈새엄마〉에 출연해 대중적인 스타 반열에 올라섰으며, 긴 공백기 이후 배우 생활의 위기에 직면했을 때 김수현 작가의 〈사랑과 야망〉으로 다시금 큰 인기를 얻는다. 그 후 〈사랑이 뭐길래〉 〈목욕탕집 남자들〉과 같은 90년대 최고 인기 드라마에 연이어 출연하며 배우로서 입지를 확고히 다진다.

세월의 풍랑을 온몸으로 겪어낸 '인간' 윤여정은 그 모습 그대로 노희경 작가에 의해 브라운관으로 소환된다. 1997년 〈내가 사는 이유〉에서 윤여정은 술집 마담 손 언니로 나와 까칠한 말투로 인생의 지혜가 담긴 말들을 툭툭 내던진다. 2008년 〈그들이 사는 세상〉에서 그녀는 조연 전담이지만 후배 배우들에게는 존경을 받는 멋진 배우 오민숙으로 등장해 2021년 윤여정의 '오래된 미래'를 실감 나게 연기한다. 그렇게 윤여정은 김수현, 노희경 두 작가와 함께 윤여정의 '오리지널리티'를 구축하며 자기만의 브랜드를 가진 '특별한' 배우로 발돋움한다.

윤여정의 윤여정

제2의 누구로 불리기보다는 그냥 '윤여정'이고 싶다는 그녀. 윤여정의 유일한 경쟁자는 윤여정 본인이다. "배우는 쉬운 연기를 하면 내가 망하고 있는 거로 생각하면 된다." 윤여정은 과거가 아닌 미래의 자기 자신과 경쟁하며 끊임없이 노력한다. 하늘에 떠 있는 높은 별을 잡은 순간에도 그녀는 걷고 또 걷는다. 영화가 건네는 환한 미소에 잠시 시름을 잊고 달콤한 꿈에 젖어 들 때도 있겠지만 그녀는 자신이 걸어온 길을 누구보다 잘 알기에 절대 멈추지 않는다. 그리하여 우리가 보는 '지금 이 순간'의 윤여정은 세상에서 두 번째로 연기 잘 하는 배우다. 미래의 윤여정에게 기꺼이 주인공의 자리를 내어주고 한 걸음 뒤에서 묵묵히 자기 길을 걸어가는, 세상에서 가장 빛나는 조연. 배우 윤여정의 '여정'은 현재진행형이다. (2021. 7.)

아직 일어나지 않은 일

- 단막극의 '오래된 미래'에 대하여

햇수로 4년째 매달 한 편의 드라마를 리뷰하는 글을 잡지에 연재한다. 올해 들어 매주 한 편씩 드라마 소개하는 라디오 프로그램에 출연하고 있으니 매달 드라마 다섯 편을 선정하여 사람들에게 알리는 일을 하고 있다. 비슷한 시기에 방영하는 많은 드라마 중에서 특정 드라마를 선택하는 일은 철저히 주관적 영역에 속할 것처럼 보이지만 실상은 좀 다르다. 드라마 관련 글을 읽는 독자와 방송을 듣는 청취자를 고려하지 않을 수 없다. 나의 손과 입을 빌려 대중이 관심이 있어 할 만한 드라마를 고르는 셈이다.

최근 몇 년 동안 드라마평론가란 이름으로 소개한 단막극은

2018년 방영된 〈사의 찬미〉가 유일하다. 그 글에서 나는 단막극이 미니시리즈와 일일연속극에 익숙한 시청자에게는 낯선 형식이기에 대중의 입맛에 잘 맞지 않는다고, 그래서 관심을 두지 않고 있다가 뒤늦게 다시보기했다고 고백한다. 그런데 대중의 그 '입맛'은 반복적인 시청을 통해 세련된 감각과 전문적 교양으로 발현되는 일종의 문화 취향이다. 즉, 단막극이 대중에게 멀어진 것은 단막극을 자주 접할 수 없었던 지난날의 시청경험에 기인한다. 단막극을 제대로 볼 기회가 없기에 단막극에 대한 인지도와 선호도가 낮은 것이다.

단막극의 죽음 앞에서

그동안 단막극은 수익성이 낮다는 이유로 폐지되었고, 폐지되지 않으면 편성과 지원이 축소되었다. 예능 프로그램이나 미니시리즈 등의 편성 사이 빈틈을 메꾸는 '땜빵'용으로 방영되는 경우도 빈번했다. 단막극 마니아가 아니라면, 그래서 평소 관심 있게 신경 쓰지 않는다면 챙겨보기조차 어려운 실정이다. 2021년 현재 단막극은 KBS 〈드라마 스페셜〉과 tvN 〈드라마 스테이지〉, 그리고 JTBC 〈드라마 페스타〉로 간신히 명맥을 유지하는 중이다.

　단막극의 침체를 오로지 편성의 문제로만 돌릴 수는 없다. 장르 특성상 단막극은 한 회로 끝나기 때문에 고정 시청자층이 두터워지기 어렵다. 매번 다른 작품을 방영하기 때문에 시청률이 누적될 수 있는 구조도 아니다. 하지만 지속적이고 정기적인 편성이 시청자와의 관계 형성에 있어 얼마나 중요한지는 미니시리즈의 드라마 결방에 따른 시청률 추이 변화에 잘 드러난다.

단막극의 위기는 장르적 특성과 편성·제작지원의 문제가 복잡하게 얽혀 있는, 무엇이 원인이고 결과인지 구분하는 것 자체가 모호하고 무의미해져 버린 '장기 미제 사건'의 성격을 가진다. 하지만 닭이 먼저냐 달걀이 먼저냐 싸우기에는 이미 너무 많은 시간이 흘러 버렸고, 단막극은 자본의 논리와 대중의 무관심 속에 오래 방치되었다. 그리하여 지금 우리가 주목할 것은 단막극의 과거와 현재가 아니라 미래다. 단막극의 죽음이 불러올 한국 드라마의 디스토피아.

오래된 미래와 정해진 미래 사이에서

단막극이 존재해야 할 이유에 대해 수십 년 동안 수없이 많이 사람들이 이야기해왔다. 2008년 3월 〈드라마시티〉 폐지에 대해 노희경·박정란·최완규 등 드라마 작가 57인은 당시 발표한 성명서에서 "단막극을 죽이면서 연속극으로 수익을 올리겠다는 생각은, 씨앗은 뿌리지 않고 수확만을 거두겠다는 투기적 논리에 지나지 않는다. 드라마의 문화를 꽃피우려면 투기가 아니라 투자가 필요하고, 그 투자의 기본이 단막극 육성"이라고 역설한다.

단막극은 한 편의 드라마 그 이상의 의미를 지닌다. 문화예술의 진정한 가치는 스스로의 상상력과 질서를 통해 성장하고 도약하는 창조의 힘에서 비롯된다. 제도화된 시스템 안에서 길들여지고 다듬어지면 그것이 아무리 양적으로 확장되고 질적으로 세련될지라도 진정한 창조의 에너지를 만들어내지 못하고 동종교배와 모방의 한계를 가질 수밖에 없다.

단막극은 "신인 작가와 신인 배우를 발굴하는 무대"이자 "드라마 감독들이 연출자로서 역량을 쌓는 한국 드라마 제작 시스템의 토대"이다. 나아가 "새로운 문제의식과 형식을 선보일 수 있는 콘텐츠의 산실"로서 한류 콘텐츠의 지속가능한 성장동력이다. "매년 적자를 이유로 축소와 폐지가 논의되지만, 드라마 생태계 전반을 보는 거시적인 안목과 장기적인 지원이 요구"되는 배경에는 단막극이 가진 무한한 잠재력이 자리한다.

그럼에도 단막극은 끊임없이 축소와 폐지 사이에서 위태롭게 존재를 위협당한다. 시청률과 광고료에 따른 수익성이 프로그램의 존폐를 결정하는 방송의 생리상, "단막극의 존재 가치는 저평가"될 수밖에 없고 단막극이 있어야 할 필요성과 당위성만이 공허한 메아리처럼 울린다. 단막극의 죽음은 이미 오래전에 예견된 비극이고 불행이다. 모두가 알고 있지만 지금 당장의 현실을 눈가리개 삼아 모르는 척 외면하고 있을 뿐이다. 그런데 단막극의 죽음을 담보 삼아 우리가 사는 '지금 여기'의 세상은 풍요와 평화를 보장받을 수 있을까. 과연 그것이 가능한 일일까.

아직 일어나지 않은 일

그나마 몇 안 되는 단막극마저 사라진다면 세상은 어떻게 달라질까. 단막극 없는 세상은 어떤 모습일까. 단막극이 왜 있어야 하는지에 대해 설득하는 것보다 단막극이 사라진 후 우리가 마주하게 될 일들에 대해 말하는 것이 한층 더 '드라마'다운 방법이지 않을까 싶다. 픽션이란 그럴듯한 허구, 그러니까 현실에서 일어날 법한 일들을 통해 현실을 비추는 거울의 역할을 하니까.

단막극은 신인 작가, 신인 배우, 신인 감독의 발굴과 양성의 기회로 드라마 제작에 있어 "가장 기본이 되는 장르"다. 만약 단막극이 없다면, 단막극으로 데뷔해 현재 맹활약 중인 〈SKY 캐슬〉의 유현미 작가, 〈동백꽃 필 무렵〉의 임상춘 작가, 〈녹두꽃〉의 정현민 작가와 같은 좋은 작가들은 앞으로 보기 어려워질 것이다. 이뿐만이 아니다. 다수의 단막극을 통해 자신의 연기내공을 다질 수 있었다고 밝힌 〈하얀거탑〉 〈파스타〉의 배우 이선균을 비롯해 단막극으로 얼굴을 알린 이준기, 하지원, 공효진, 박보검, 박소담과 같은 좋은 배우들도 우리 곁에서 사라질 것이다.

　그동안 우리가 봤던 드라마 크레딧 속 수백 수천 명의 제작진까지 합한다면 단막극의 죽음 이후 우리가 감당해야 할 상실감은 예상보다 훨씬 방대하다. 한국 드라마가 K-wave란 이름으로 전 세계인의 사랑을 받는 작금의 상황에서 이 피해 상황은 비단 한국인에게만 해당하는 것이 아니다. 이쯤 되면 전 지구적인 재난이라고 할 수 있다.

단막극은 지금 어디로 가는가

오래된 미래와 정해진 미래 사이에서 우리는 지금 어디쯤 와 있는 것일까. 우리가 기억해야 할 교훈은 지극히 간단하다. 있을 때 잘 하자. 상업적 논리로 냉정하게 따져봐도 소 잃고 외양간 고치는 것보다 평소에 외양간을 잘 관리하는 게 훨씬 남는 장사다. 종합편성채널과 OTT의 성장으로 드라마 시장 경쟁이 치열해지고 상투적인 스토리에서 벗어나지 못한 지상파 프라임타임대 미니시리즈 시청률이 한 자릿수로 떨어졌다는 걸 감안할 때, 형식이나 소재 면에서 새로운 시도를 해볼 수 있는 단막극은 국내외에서 한국 드라마의 경쟁력을 향상시킬 좋은 돌파구가 될 수 있다. 단막극은 "수백억짜리 미니시리즈의 투자 리스크를 줄일 수 있는 실험의 장"이며 도전 정신을 가지고 다양한 스토리와 장르를 폭넓게 시도할 수 있는 열린 가능성의 무대다.

시청자층이 점점 고령화되어가는 기존 TV 콘텐츠가 젊은 세대들에게 최적화된 웹드라마와 접목될 수 있는 지점 또한 짧은 호흡의 단막극이다. 지상파 단막극과 웹드라마의 혼합형으로제작자들에게 새로운 방향성을 제시했다는 평가를 받는 MBC 〈퐁당퐁당 러브〉와 지상파 콘텐츠 최초로 웹과 모바일 플랫폼에서 선공개한 방식을 활용하여 100만 뷰를 돌파함과 동시에 2014 단막극 페스티벌에 초청된 KBS 〈간서치열전〉이 대표적인 사례다. 단막극은 드라마의 소중한 전통과 새로운 혁신 사이에서 무한 확장성을 몸소 증명해낸다.

단막극의 존재 가치는 현재가 아닌 미래에 있다. 그리고 앞으로 우리가 살아갈 미래는 지금 여기 현재를 살아가는 우리의 선택과 의지에 따라 달라진다. 좋은 드라마를 계속, 많이, 보고 싶은가. 단막극을 지키는 것은 작가, 감독, 배우, 그리고 좋은 드라마를 볼 권리가 있는 우리 모두에게 주어진 의무다. (2021. 3.)

코로나 바이러스로 읽는
2020년 한국문화 트렌드
- 4가지 장르의 화제 콘텐츠를 중심으로

2020년 코로나 바이러스는 인간을 대하는 방식과 세상을 바라보는 시각에 전면적인 전환을 요구한다. '사회적 거리두기'란 이름으로 우리는 이웃을 멀리하고 친구를 멀리하고 가족을 멀리해야 한다. 코로나 바이러스의 무서운 감염력은 우리가 사는 세상을 사람이 사람을 두려워하는 '언택트' 시대로 만들어 버렸다.

하지만 이 지독한 바이러스는 아이러니하게도 우리 인간관계가 얼마나 상호호환적인지를 보여주는 대표적인 사례로 기록될 예정이다. 우연히 한 엘리베이터를 탔을 뿐인데, 잠깐 담배를 같이 피웠을 뿐인데, 우리는 바이러스를 공유하는 '친밀한' 사이가 된다. 하루 수만 명씩 증가하고 있는 전 세계 코로나 확진 현황은 우리의 관계성이 한국을 넘어 세계 구석구석까지 뻗어있음을 증명해준다. 뫼비우스의 띠처럼 우리는 서로의 연결고리가 되어 하나의 작은 원을 만들고 있는 셈이다. 그야말로 지구'촌'이다.

소설가 조해진과 『완벽한 생애』

지금 여기 우리가 직면한 상황을 떠올려봤을 때, 동료 문인 백 명이 투표하는 방식으로 진행되는 2020년 『작가가 선정한 오늘의 소설』에 조해진 작가의 단편소설 「완벽한 생애」가 선정된 것은 의미심장한 일이 아닐 수 없다. 조해진 작가는 2008년 출간된 첫 번째 소설집 『천사들의 도시』부터 '타자의 작가'라고 불리며 현실의 논리에서 소외된 사람들의 삶을 섬세하게 다루어왔다.

소수자를 따뜻하게 끌어안는 조해진 작가만의 연대의 방식은 수상작 「완벽한 생애」에서 홍콩에서 영등포로 온 '시징'과 영등포에서 제주로 떠나는 '윤주'의 삶을 사이좋게 나란히 서술하는 것으로 형상화된다. 작품 안에서 국적이 다른 두 주인공은 이메일과 메모를 주고받을 뿐 단 한 번도 만나지 않는다.

조해진 작가는 서로 무관해 보이는 두 세계가 접점을 이루고 서로 영향을 주고받는 모습을 그려냄으로써 서로 다른 세계에 살아가는 우리가 긴밀하게 얽혀 있는 '운명공동체'라는 진실을 섬세하게 그려낸다. 요즘처럼 서로 다른 삶을 살아가는 사람들이, 서로 다른 얼굴의 전 세계가 한마음 한뜻으로 이어진 적은 없었다.

방탄소년단과 〈작은 것들을 위한 시〉

전 세계를 하나로 묶은 것은 사실 코로나 바이러스보다도 BTS가 먼저였다. 대중음악에 관심 있는 사람이 아니라면 BTS와의 첫 기억은 음악프로그램이 아니라 9시 뉴스였을 것이다. BTS에게 열광하는 외국 소녀팬들을 배경으로 '제2의 비틀즈'가 등장했다는 앵커의 보도를 들었거나 미국 뉴욕 UN본부에서 연설하는 리더 RM의 당당한 모습을 보았거나.

UN연설에서 RM 김남준은 "진정한 사랑은 자신을 사랑하는 것에서부터 시작한다"를 주제로 "여러분이 누구인지, 어디에서 왔는지, 피부색은 무엇인지, 성 정체성은 무엇인지, 스스로에게 말하세요. 스스로에게 이야기하면서 여러분의 이름을 찾고, 여러분의 목소리를 찾으세요"라고 말한다. 그들이 외친 'Speak yourself, love yourself'는 아름다운 노랫말로 그치지 않고 일상과 실천의 영역으로 깊게 파고들었다.

글로벌 인기 토크쇼 〈앨런쇼〉에서 방탄소년단은 한국어로 노래하고 한국어로 대화를 나누었다. 그들이 전 세계적인 아이돌이 되는 데 비영어권 나라의 중소기획사에 소속된 아티스트라는 건 아무런 문제가 되지 않는다. 온라인으로 진행된 BTS 라이브 콘서트에서는 세계 곳곳에서 접속한 다양한 얼굴의 75만 명이 함께 모여 그들이 부른 한국어 노래를 들었다. 국적, 인종, 젠더, 성 정체성, 장애 등 세상의 모든 경계를 뛰어넘어 BTS는 다양성의 아이콘이 되고 '작은 것들의 시'가 된 것이다. 코로나바이러스 브리핑에 수어 통역사가 등장하는 것이 우리에게 더 이상 낯설지 않은 풍경이 된 것처럼 말이다.

펭수와 유튜브 〈자이언트펭TV〉

뽀로로와 방탄소년단을 보고 대스타가 되기 위해 한국행을 결심했다는 '남극 출신' 펭수는 기존 EBS 어린이 캐릭터의 전형성을 벗어난 파격적인 언행으로 화제를 모으며 구독자 200만 명의 골드버튼 유튜버가 되었다. "늘 쓰고 다니는 헤드폰의 브랜드는 뭐냐"는 질문에 펭수는 '김명중'이라고 답한다. '회사 사장님 성함을 함부로 말할 수 있느냐'는 지적에는 "사장님이랑 편해야지 회사도 잘 되는 겁니다"라고 당당하게 말한다. 이보다 대범한 '이주노동자'가 한국에 존재할까. 사람이 아니라고, 한국인이 아니라고, 펭수는 절대 주눅 들지 않는다.

고정관념과 선입견을 타파하는 펭수의 거침없는 행보는 소속사

EBS에서 시작해 경쟁사인 다른 공중파 방송국으로 이어진다. 타 방송국의 프로그램에 거리낌 없이 출연하는 것은 물론이고 '더 좋은' 조건을 제안받고 심각하게 이직을 고민하기도 한다. 평생직장이란 단어가 유효성을 상실했듯 급변하는 미디어 환경 속에서 기존 플랫폼의 질서는 흔들리고 있다. 플랫폼보다는 콘텐츠, 그러니까 크리에이터의 중요성이 더 커진 것이다. 역시 사람이 미래다.

한때 코로나에 감염된 외국인 확진자의 치료비 전액 지원제도에 대한 논란이 불거진 적이 있다. 한국인도 아닌 그들을 왜 우리의 세금으로 치료해주어야 하는가, 비난 여론이 형성된 것이다. 그런데 중요한 것은 역시나 플랫폼이 아니라 콘텐츠이며 국적이 아니라 사람이다.

유재석과 예능 〈놀면 뭐하니?〉

사회적 거리두기 때문에 인간관계는 좁아졌지만, 그 덕분에 예전보다 가까워진 사람이 한 명 있다. 바로 나 자신이다. 타인과 함께 지내는 시간이 줄어든 만큼 나에 대해 생각하는 시간은 오히려 많아질 수밖에 없다. 수백 번을 휘저어야 만들 수 있다는 '달고나 커피 만들기'가 유행하고 모든 사람이 혼자 놀기의 달인이 된 것도 다 그 덕분이다.

최근 화제성 지수 1위를 기록한 〈놀면 뭐하니?〉는 예능프로그램으로는 획기적으로 고정출연자가 유재석 한 명이다. 유재석 혼자 트로

트도 불렀다가 닭도 튀겼다가 드럼도 쳤다가 한다. 유고스타, 유산슬, 유르페우스, 닭터유 등 유재석의 '부캐'는 최근 프로젝트 혼성그룹 '싹쓰리'에서 '유두래곤'으로 변주되면서 스펙트럼을 계속 넓혀가는 중이다. 릴레이와 확장을 기반으로 다채로운 매력을 갖춘 유재석 유니버스(YOO니버스)가 구축되는 것이다.

이제까지 다양성의 세계가 타인의 다름을 수용함으로써 세계의 크기를 확장하는 것에 초점을 맞추었다면 '2020년 지금 여기'의 다양성은 내 안의 타인을 깊이 이해하고 인정해줌으로써 나의 세계가 점점 견고해지는 방향으로 진행 중이다. 나를 있는 그대로 사랑하는 것, 그것이 바로 다양성 존중의 최신 버전인 셈이다. 코로나 바이러스로 혼자 있는 시간이 많아진 요즘, 그동안 등한시했던 나의 숨은 목소리에 귀 기울여보는 시간을 갖는 건 어떨까. "놀면 뭐하니." (2020. 7.)

영화예술과 신화적 인간의 본질

시뮬라크르 세계의 박찬욱'들'

– '올드'보이와 헤어질 결심

공간, 이미지, 음악, 의상, 소품 등등 박찬욱 영화의 모든 것은 완벽한 의도 아래 설계되어 독창적인 미학을 구현해낸다. 표면에 드러난 주제 의식은 물론이고, 심층에 숨겨진 은유와 상징을 찾아내는 것이야말로 박찬욱 영화를 즐기는 사람만이 느낄 수 있는 지적 유희다. 한 마디로, 미장센은 박찬욱의 작품세계를 관통하는 핵심 키워드다. 그런데 여기서 잠깐. 박찬욱은 왜 미장센에 몰두하게 된 것일까. 도대체 왜.

영화 〈올드보이〉(2003)에서 15년 동안 감금된 오대수는 자신을 가둔 사람을 향해 당신이 누구냐고 끈질기게 묻는다. 그러자 이우진은 우매한 학생을 꾸짖듯 말한다. "내가 중요하지 않아요. 왜가 중요한 거지." 오대수는 이우진을 찾기 위해 세상의 모든 군만두를 다 먹어버릴 기세로 돌아다니지만 중요한 것은 군만두가 아니다. '왜'다.

세상의 많고 많은 음식 중에 왜 군만두일까.

군만두는 맛있다. 튀기면 무엇이든 맛있다. 심지어 신발도 튀기면 맛있다. 내용물이 무엇이든 상관이 없다. 튀기면 무엇이든 맛있으니까. 그런데 곰곰이 생각해보면 군만두는 굽지 않고 튀겨서 만든다. 그러니까 오대수가 먹은 건 굽지 않은 군만두, '가짜' 군만두다.

이우진은 왜 오대수에게 15년 동안 가짜 군만두를 먹였을까. 15년 동안 5,457개의 똑같이 생긴 '가짜' 군만두를 매일 먹고 먹고 또 먹고…. 감금된 방에서 오대수가 가짜 군만두를 계속해서 먹는 모습을 보고 있으면 그것이 가짜 군만두라는 사실을 잊어버린다. 어느새 우리는 그렇게 또 한 명의 '오대수'가 된다. 잊지 말자. 박찬욱은 미장센의 대가다. 하지만 중요한 것은 미장센이 아니다. 무엇이든 튀기면 맛있어지니까. 중요한 것은 '왜'다. 박찬욱은 왜 5,457개의 가짜 군만두를 튀긴 것일까. 왜 우리에게 5,457개의 가짜 군만두를 먹인 것일까.

튀김의 기술

박찬욱 영화를 감상하다 보면 자연스레 알게 되는 것이 하나 있다. 영화 안에 내재한 이야기의 가치 비중이 그다지 높지 않다는 것이다.

〈올드보이〉 〈박쥐〉 〈아가씨〉 〈스토커〉는 원작이 따로 있고, 〈친절한 금자씨〉를 비롯한 몇몇 영화는 신화적 원형의 변형으로 읽힌다. 다시 말해, 박찬욱 영화의 대표작들은 기존에 있는 이야기를 '낯설게' 한 것이다. 일종의 '군만두' 작법이랄까. '튀김'으로써 새로운 맛을 재창조해낸 것이다.

이것은 단순히 이야기의 오리지널리티에 관한 문제가 아니다. 이야기를 대하는 태도의 문제다. 중요한 것은 5,457개의 가짜 군만두, 바로 '튀기기'다. 최근작 〈헤어질 결심〉이 '절정의 미장센'을 보여주었다는 평가를 받으며 칸영화제 감독상을 받았다는 것을 눈여겨볼 필요가 있다. 이 영화는 한 줄의 로그라인이 전체 줄거리가 될 수 있을 만큼 단조로운 스토리를 가진다. 만남과 이별로 이어지는 상투적이고 진부한 로맨스 서사. 〈헤어질 결심〉은 서사 예술의 정체성을 고수해온 고전적 정의의 영화를 향한 박찬욱의 이별 통보다. 이름하여, '올드'보이와 헤어질 결심. 튀기면 무엇이든 맛있으니까. 누구보다 잘 튀길 자신이 있으니까. 무엇보다 미장센 대가의 손길이 닿으면 어떤 이야기든 '힙'해질 수 있을 테니까 말이다.

완벽한 두께의 튀김옷과 완벽한 온도의 기름. 식자재의 신선함 따위에는 아랑곳하지 않고 분자요리에 버금가는 정교한 기술로 신묘한 튀김 요리를 선보이는 사람, 그가 바로 박찬욱이다. 무엇이든 맛깔나게 튀기는 튀김의 기술. 이것은 영화감독 박찬욱의 자신감일까, 아니면 신념일까. 독보적인 영상 미학을 구축해낸 박찬욱. 그의 '진짜' 이야기가 궁금하지 않을 수 없다. 이야기, 그것은 화려한 미장센에 감춰진 박찬욱의 민얼굴이다.

올드보이 박찬욱

지금의 박찬욱을 있게 한 칸영화제 첫 수상작 〈올드보이〉를 기억하는가. 주어진 삶의 궤도에서 벗어나려고 처절하게 발버둥 치는 오대수에게서 우리는 박찬욱 감독의 '옛' 모습을 발견할 수 있다. 새로움을 향한 강렬한 열망으로 불타오르던 '올드보이'의 초췌한 몰골을.

〈올드보이〉에서 오대수는 15년 동안 감금된 방에서 탈출하려고 온 힘을 다한다. 그런데 그 방에는 창문과 시계가 없다. 격자무늬 패턴 벽지가 꼼꼼히 발라진 그 방에서는 매일 똑같은 하루가 반복된다. 멜로디가 울리면 가스가 나오고, 가스가 나오면 잠이 오고, 자고 일어나면 머리가 깎여 있다. 옷이 갈아입혀져 있다. 방안이 정리되어 있다. 그리고 또 멜로디가 울린다.

그곳에서 시간의 구분은 무의미하다. 어제가 오늘이고, 오늘이 내일이다. 그러므로 어제는 어제가 아니고 오늘은 오늘이 아니다. 15년 만에 오대수는 감금된 방에서 벗어난다. 하지만 그의 탈출은 그의 의지에서 비롯된 것이 아니다. 이우진은 오대수를 처음 납치한 그때 그곳으로 그를 가져다 둔다. 공중전화 부스 골목. 지금은 아파트 공사장이라 같은 장소라는 걸 알아채기 어렵지만, 그때 그곳이 맞다. 여기가 저기고 저기가 여기다. 쳇바퀴와 같이 돌고 도는 순환적 시공간에 갇혀 오대수는 깨닫기를 강요받는다. 당신은 절대 이 세계를 벗어날 수 없다!

결국 모든 그의 시도는 실패로 끝난다. 그는 감금된 방에서 탈출하려고 하였으나 끝내 실패하였다. 그는 한 여자를 사랑하였으나 그녀는 그의 친딸이었다. 그런데 여기서 잠깐. 모든 이야기는 결말을 향해 나아가지만 결말이 이야기의 전부는 아니다. 이 모든 비극을 계획한 이우진이 말하지 않았던가. "노루가 사냥꾼 손에서 벗어나는 것 같이, 새가 그물 친 사람의 손에서 벗어나는 것 같이, 스스로 구원하라."

감금된 방에서 나와 오대수가 가장 먼저 찾아간 곳은 일식집이다. "살아 있는 게 먹고 싶다." 그의 얼굴에 달라붙어 있던 산낙지의 꿈틀거림을 떠올려보자. 그가 쓰러진 후에도 계속 움직이던 무한의 생명력을. 오대수는 사랑하는 여자가 딸이란 걸 알게 되었다. 하지만 그녀를 사랑하기로 결심한다. 오대수는 번번이 탈출에 실패하였다. 하지만 계속 시도하기로 결심한다. 모든 것이 돌고 도는 순환적 시공간에서 실패는 실패가 아니다. 오대수의 삶에 우리가 읽어낼 것은 절망과 좌절이 아니다.

언덕 위에서 돌이 굴러떨어져도 다시 그 돌을 밀어 올리고는 한결

같이 그 자리를 지키고 서 있던 '시시포스'처럼, 수천 년 전부터 전해 내려온 신화 속 그 '올드보이'처럼, 그렇게 5,457개의 가짜 군만두를 '박찬욱'은 튀기고 튀기고 또 튀기면서 매일 똑같이 반복되는 일상의 무의미에서 벗어나려고 노력하였으리라. 인간 존재의 허무를 견뎌보려고 고군분투하였으리라. 오, 그대의 이름은 올드보이.

'올드보이'와 헤어질 결심

영화 〈올드보이〉는 자신에게 주어진 운명을 벗어나 새로운 삶을 개척하고자 했던 '올드보이' 박찬욱의 영웅담이다. 그런데 그의 이야기는 들으면 들을수록 흥미진진해지는 것이 아니라 마음이 무거워진다. 오대수는 희로애락이 지워진 망각의 세계로 걸어가 원형적 인간 시시포스의 삶을 지속해 나간다. 하지만 그건 영화 안에서의 일 아닌가. '밖'은 어찌할 것인가. 오대수는 기억하지 못해도 또 한 명의 올드보이 '박찬욱'은 어찌할 것인가. 박찬욱 영화 〈올드보이〉를 본 다른 올드보이'들'은 또 어찌할 것인가. 오대수가 기억하지 못하는 그 모든 것을 우리는 기억한다.

이쯤 되면 5,457개의 가짜 군만두를 먹은 것이 오대수인지 우리인지 헷갈리기 시작한다. 감금된 방에서 나온 오대수가 마주한 사람은 방에 갇혀 있던 감시화면 속 또 다른 16명의 오대수다. "더 넓은 감옥"

에서 그는 '오대수'라는 이름까지도 빼앗겨 버린다. 그는 오대수이면서 오대수가 아니다. 16명의 올드보이, 5,457개의 가짜 군만두, 그리고 언덕 위에서 굴러떨어지는 무한개의 돌 뭉텅이.

시뮬라크르의 세계에서 진짜와 가짜, 오리지널과 복제의 구분은 무의미하다. 이 모든 상황을 전지적 관점에서 내려다보던 이우진의 독백은 축복과 저주 사이에 자리를 잡는다. "누나와 난 다 알면서도 사랑했어요. 너희도 그럴 수 있을까." 박찬욱 영화에서 주인공은 이제 자신의 이야기를 할 수 없다. 15년 동안 감금된 채 그동안 자기가 살아온 나날들을 되짚어가며 일기를 쓰는 오대수는 없다. 나와 마주한 또 다른 나의 모습을 기록하는 '가짜' 나만 있을 뿐이다.

아우라의 몰락은 예견된 일이다. 우리가 할 수 있는 일은 단 하나. 운명을 극복하지 않고, 운명에 순응하지 않고, 운명 그 자체를 향유하는 것. 나의 이야기를 남기기 위해 타인의 이야기를 기록해야만 한다. 타인의 이야기이면서 나의 이야기인, 그래서 타인의 이야기도 나의 이야기도 아닌 그 이야기, 우리 모두의 이야기이면서 우리 모두의 이야기가 아닌 그 이야기만이 우리 곁에 남아 있다. 굿바이, 올드보이.

박찬욱의 박찬욱

'올드보이'와 헤어진 박찬욱은 거침이 없다. 원본이 없는 복제. 원복과의 일치가 필요 없는 복제. 시뮬라크르 놀이에 깊이 빠져든다. 〈헤어질 결심〉의 '해준'과 '서래'는 서로의 진심을 믿고 의심하길 반복하며 스마트워치로 서로를 기록한다. 그들 사이에 나와 너, 우리의 이야기는 없다. 그와 그녀, 그들의 이야기만 있을 뿐이다. 박찬욱은 그들을 구심점 삼아 여러 겹의 만남과 이별을 포갠다.

해준과 아내 정안의 이야기는 정안과 직장동료 이주임의 이야기와 겹쳐지고, 서래와 첫 번째 남편 기도수의 이야기는 서래와 두 번째 남편 임호신의 이야기와 겹쳐지고, 홍산호와 미지의 이야기는 해준과 서래의 이야기와 겹쳐지고, 해준과 수완의 이야기는 해준과 서래의 이야기와 겹쳐지고….

서로 조금씩 차이를 만들면서 끝없이 이어지는 시뮬라크르의 세계에서 주인공도 메인 스토리도 없다. 올드보이가 사라진 자리에서 펼쳐지는 화려한 미장센의 향연. 그리고 서사적 개연성이 아닌 이미지의 유사성에 근거한 담대한 장면 전환. 찻잔에서 떨어지는 물이 링거 수액으로 연결되고, 엑스레이 속 흑백 손가락은 아내에게 해준 팔베개의 꿈틀거리는 손가락으로 연결되고, 불타는 사진은 밝게 빛나는 백열전구의 필라멘트로 연결되고….

박찬욱은 더 이상 탈출을 꿈꾸지 않는다. 더 많은 방을 만들어 방과 방 사이를 유랑하며 자기만의 세계를 넓히고, 그 안에서 자유를 만끽한다. 그가 원하는 것은 유사한 이미지를 여러 번 반복할 때 얻어지는 모호성과 그에 따른 심리적 해방감이다.

〈헤어질 결심〉은 인간이 통제할 수 없는 부조리한 세계를 향한 작별 인사이자 진리 없음이 그곳의 절대 진리임을 공표하는 혁명적 선언이다. 선과 악, 시와 비, 원인과 결과, 만남과 이별, 주체와 타자, 실재와 시뮬라크르가 뫼비우스의 띠와 같이 계속 물고 물리는, 모든 질서가 사라진 근원적 무(無)의 상태. 그렇게 진리는 사라진다. 진리가 없어서가 아니라 진리가 너무 많아서 진리는 소멸한다.

박찬욱에게 더 이상 영화는 우직하게 굴러떨어지는 돌을 언덕 위로 밀어 올리는 힘들고 외로운 일이 아니다. 실재에 도달하지 못하고 미끄러지는 시시포스의 돌을 모두 모아 자기만의 세계를 구축하는 일, 그것은 새롭지는 않지만 아무도 하지 않은 독창적인 일이다. 원본 없는 복제, 복제의 복제, 복제의 복제의 복제…. 박찬욱은 5,457개의 가짜 군만두를 튀겨내듯 무한대의 시뮬라크르를 찍어내며 우리가 사는 현실 세계의 아우라를 벗겨낸다. 그리고 빈 허울만 남은 그곳엔 이제껏 존재한 적 없었던 고독하지만 자유로운 세계가 새로이 생겨난다.

'혼자 웃기'의 미학

한국인은 맞춤법이 틀린 문자 메시지를 써 보내고, 한국말이 서툰 중국인은 완벽한 문장으로 답신을 보낸다. 한 남자가 사랑한다고 말했을 때 그의 사랑은 끝나고, 그 사랑이 끝났을 때 한 여자의 사랑은 시작된다. 개그맨은 어디선가 봤을 법한 형사처럼 웃음기 쏙 빼고 진지하게 연기하고, 연기파 영화배우는 책을 보고 읽을 듯한 어설픈 문어체 화법으로 아포리즘을 연신 읊으며 웃음을 유발한다.

박찬욱이 그려낸 시뮬라크르의 세계는 이상하고 기괴하다. 한국인은 한국인답지 않고, 연인은 연인답지 않고, 개그맨은 개그맨답지 않다. 모든 가치가 전복된 위태로운 시뮬라크르의 세계. 혼돈은 무질서한 상태가 아니라 새로움을 창조하는 생명력이자 무(無)에서 무한으로의 역동적 전환이다. 세상의 모든 창세신화는 카오스에서 시작되었다.

"웃어라. 온 세상이 너와 함께 웃을 것이다. 울어라, 너 혼자 울 것이다." 올드보이와 헤어진 박찬욱은 혼자 울지 않는다. "슬픔이 파도처럼 밀려오는 사람도 있지만, 잉크가 물에 떨어지듯 서서히 퍼지는 사람도 있다." 〈헤어질 결심〉 N차 관람 열풍을 보고 박찬욱은 영화관의 좁은 의자에 앉아 '함께 울기'에 도전한다. 개그맨 김신영의 전국노래자랑 MC 발탁 뉴스를 듣고 박찬욱은 '혼자 웃기'에 도전한다. '마침내' 시뮬라크르는 현실을 모방하는 것에서 벗어나 거꾸로 현실에 사는 우리에게 영향을 끼치기 시작한다.

사랑은 특별하지도 진실하지도 않다. 삶은 애초에 이해할 수 있는 성질의 것이 아니다. 아름답지도 않고 쓸모도 없는, 이토록 낯선 세계

라니. 너무 매혹적이지 않은가. 살다 보면 재미없는 농담이 필요할 때가 있다. 만두는 튀겨도 군만두가 되고 생선은 죽어도 값비싼 초밥이 된다. 그리고 영화는 안 봐도 각본집은 산다. 저조한 흥행 성적에도 불구하고 각본집은 서점가 베스트셀러 1위라니. 너무 재미있지 않은가. 세상에는 너무나 많은 박찬욱'들'이 살고 있다. (2022. 10.)

영화 〈탑건: 매버릭〉 '다시' 읽기: 매버릭의 다섯 가지 얼굴

'매버릭의 귀환'이라고 불리는 영화 〈탑건: 매버릭〉은 전작을 뛰어넘는 속편이라는 호평을 받으며 천만 관객을 향해 전속력으로 비행 중이다. 영화의 성공 요인에 대해 주요 미디어와 언론은 입을 모아 '전작에 친숙한 관객들에게는 추억을 소환하는 한편 CG 중심의 스펙터클에 익숙한 젊은 세대들에게는 새로운 볼거리를 제공하면서 화제를 모으고 있다'라는 분석을 내놓았다.

이 말은 반은 맞고 반은 틀리다. 〈탑건: 매버릭〉이 추억을 소환하고, 새로운 볼거리를 제공하는 영화임은 분명하다. 하지만 그 성공이 왜 '2022년'이어야 했는가에 대한 설명으로는 충분하지 않다. 2022년

'지금 여기' 전 세계인의 사랑을 받는 영화 〈탑건: 매버릭〉의 진짜 매력은 무엇일까.

'탑건' 매버릭: '과거완료'에서 '현재진행형'으로

영화 〈탑건: 매버릭〉에서 제일 시선을 끄는 것은 단연 '매버릭'이다. 한때는 천재적인 조종술을 자랑하는 최고의 탑건이었으나 현재는 전투기 테스트 파일럿으로 사는 매버릭은 무인기의 등장으로 해고당할 위기에 놓인다. 하지만 그는 여전히 당당하다. "Not today."

노장은 죽지 않는다. 영화 〈탑건: 매버릭〉에서 발견되는 전작 〈탑건〉에 관한 오마주는 '영원한 청춘' 매버릭의 상징성을 뒷받침해준다. 수시로 흘러나오는 〈탑건〉 OST부터 매버릭이 이륙하는 전투기 옆에서 바이크를 모는 장면, 그리고 젊은 탑건들이 비치 발리볼을 하는 장면까지 36년 전 그때 그 시절의 향수를 일깨울 수 있는 요소들이 곳곳에 포진되어 있다. 특히 영화 오프닝에 나오는 탑건스쿨에 관한 설명은 영화 〈탑건: 매버릭〉이 어디에서 출발하였는지를 명확히 보여준다.

하지만 딱 거기까지다. 〈탑건: 매버릭〉에게 〈탑건〉은 시작점일 뿐이다. 그 이상도 이하도 아니다. 〈탑건: 매버릭〉은 〈탑건〉에서 출발하였지만, 그곳에 오래 머물지 않는다. 다시 말해, 〈탑건: 매버릭〉에는 '라떼'가 없다. '나때는~'으로 시작하는 그때 그 시절 회상이나 자랑이 없다. 젊은 탑건을 압도하는 매버릭의 존재감은 과거가 아닌 현재에서 비롯된다. 젊은 탑건들이 그를 인정하고 그가 다시금 전투 조종사로 현장에 투입된 것은 현재의 그가 탁월한 조종술을 가졌기 때문이다. 전관예우나 연장자 우대는 일절 없다.

〈탑건: 매버릭〉의 성공은 단순히 한때 흥행했던 영화의 주인공이 다시 돌아왔기 때문에, 혹은 과거 회상을 통해 그때 그 시절에 향수를 가진 중장년층을 매혹했기 때문이 아니다. 〈탑건: 매버릭〉의 시간적 배경은 어제가 아닌 오늘이다. 그리고 그 오늘의 끝엔 우리가 살아갈 내일, 아직 정해지지 않은 미래가 놓여 있다.

'싱글' 매버릭: '부계 혈통'에서 '비혈연 유사 가족'으로

〈탑건〉과 〈탑건: 매버릭〉은 비슷한 듯 다르다. 〈탑건: 매버릭〉은 전작과 유사하게 아버지와 아들로 이어지는 부계 중심의 계승 구도를 보여준다. 매버릭 아버지와 매버릭, 구즈와 아들 루스터는 2대에 걸쳐 조종사가 되고 이러한 가족사는 영화 안에서 중요한 전사(前史)로 등장한다. 특히 〈탑건: 매버릭〉에서 매버릭이 젊은 조종사들의 임무 성공과 무사 귀환을 염두에 두고 교육한다는 점, 두 명이 탑승할 수 있는 전투기에 구즈의 아들인 루스터를 태우고 출동한다는 점, 그리고 두 사람의 협력을 통해 임무를 완수하였다는 점에서 부계 중심의 계승

의지가 분명해 보인다.

　하지만 정확히는 아버지와 아들이 아닌 아버지 친구와 친구 아들이다. 다시 말해, '아들' 매버릭과 루스터를 교육하고 훈련한 것은 아버지가 아닌 죽은 아버지의 친구다. 전작에서 매버릭에게 아버지의 이야기를 전해주는 교관도 아버지와 함께 전투기를 몰았던 '바이퍼'다. 남성 중심으로 세대 계승이 이루어진 것은 맞지만 혈연 중심에서는 벗어나 있는 것이다. 주인공 매버릭과 관련된 또 하나의 주요 서사인 페니와의 로맨스를 고려했을 때도 영화 〈탑건: 매버릭〉 속 계승의 중심축은 부계 혈통에서 비혈연 유사 가족으로 이동했다는 것을 확인할 수 있다.

　극 중 매버릭은 이혼하고 혼자 딸을 키우는 페니와 연인이 되는데, 이때 매버릭과 페니 그리고 페니의 딸은 삶의 희로애락을 공유하는 유사 가족의 형태를 보여준다. 아버지를 일찍 여읜 루스터 또한 매버릭의 "유일한 가족"으로 비혈연 유사 가족의 테두리 안에 머문다. 사적 연관성이 전혀 없는 페니의 딸과 구즈의 아들은 '싱글' 매버릭을 중심으로 비혈연 공동체를 형성함으로써 '정상가족'이라는 개념 자체가 무의미해진 2022년 '지금 여기' 우리에게 지속가능한 미래사회의 오늘을 보여준다.

'사피엔스' 매버릭: '로맨스'에서 '인류애'로

비혈연 유사 가족을 하나의 운명 공동체로 결속시키는 힘은 과연 무엇일까. 바로 그들이 공유한 삶의 역사다. 영화 〈탑건: 매버릭〉은 매버릭을 중심으로 비혈연 유사 가족의 세계관 확장을 보여준다. 그리고 그 중심에는 매버릭에 얽힌 그들만의 이야기가 있다. 구즈와 매버릭의 전사(前史)가 없었다면 매버릭과 루스터는 서로의 목숨을 구하는 협업을 통해 임무를 완수할 수 없었다. 페니의 딸 역시 엄마 페니와 매버릭의 지난 연애담을 알고 있기에 두 사람의 관계를 지지할 수 있었다.

매버릭과 페니 또한 옛 연인 사이로 서로 잘 알고 있었기에 선한 영향력을 주고받는다. 이혼으로 닫혔던 페니의 마음은 매버릭의 진심 어린 구애로 다시 열리고, 해고당한 매버릭은 페니의 조언으로 조종사로 복귀할 계기를 맞이한다. 바에서 처음 만나 공유할 이야기가 없었던 영화 〈탑건〉의 찰리가 하룻밤 섹스 상대로 대상화되어 '매버릭 공동체'에서 배제되었던 것과는 큰 차이가 있다.

극 중 등장인물의 주요 관계를 지탱하는 힘, 나아가 세대와 세대를 연결하고 공동체를 유지하는 힘은 바로 '이야기'에서 비롯된다. 그런 의미에서 매버릭과 다른 조종사들의 전우애는 물론이고 매버릭과 페니의 로맨스까지 넓은 의미의 인류애로 해석된다.

역사학자 유발 하라리는 『사피엔스』에서 호모 사피엔스가 지구상에서 강력한 생존력을 갖게 된 배경, 즉 수만 수억 명의 사람들이 대규모의 협력을 토대로 운명 공동체를 형성할 수 있는 원동력을 "공통의 신화"를 믿는 행위라고 역설한다. 그렇다면 영화 〈탑건: 매버릭〉이 다음 세대에게 전달하고자 하는 공통의 신화는 무엇일까. '인간' 매버릭의 이야기는 비대면·비접촉이 일상이 되어버린 포스트 코로나 시대의 새로운 위기에 직면한 우리에게 어떤 의미를 갖는 것일까. 이것이 2022년 무인기의 등장으로 해고당할 위기에 놓인 '매버릭의 귀환'이 우리에게 전하는 진짜 메시지다.

'시시포스' 매버릭: '개인'에서 '전체'로

탑건 시리즈는 '천재적인 조종사' 매버릭을 내세운 일종의 영웅담이다. 그리고 이 영웅신화의 중심 사건은 전투다. 싸워야 할 적이 존재하고 그 적과의 전쟁에서 승리해야 한다. 냉전 시대인 1986년에 개봉한 전작에서는 가상의 적국을 내세웠음에도 그 나라가 소련이라는 걸 추측할 수 있었다. 하지만 〈탑건: 매버릭〉에서는 그러한 단서들이 철저히 가려져 있다. 특정 나라를 적으로 내세우지 않는 대신 영화는 가상의 적을 새로이 등장시킨다. 바로 인간을 위협하는 첨단 과학기술이다.

탑건 시리즈에서 반복적으로 사용되어 이목을 끄는 단어가 있다. 바로 '본능'이다. 논리적이고 합리적인 인공지능과 비교해 인간의 약점이라고 생각될 수 있는 인간 고유의 특성. 하지만 '본능'은 〈탑건〉에서 〈탑건: 매버릭〉으로 옮겨오면서 해석이 달라진다. 전작에서 본능은 동료 구즈를 사망에 이르게 하는 위험하고 어리석은 인간 기질이지만 후속작에서는 구즈의 아들 루스터가 매버릭의 목숨을 구하기 위해 자신의 안위를 포기하는 숭고한 인류애의 표현이다.

본능에 따른 직관적인 조종술을 선보이는 매버릭에 대한 평가도 달라진다. 전작에서 매버릭은 규정을 지키지 않는 위태로운 비행을 즐기는 덜 성숙한 '청춘'이지만 후속작에서는 인간의 한계를 극복하기 위해 인류의 무게를 짊어진 '시시포스(Sisyphus)'의 모습이다.

영화 〈탑건: 매버릭〉의 첫 장면을 떠올려보면 보편적 인류를 대표하는 인간 원형으로서 매버릭의 모습이 또렷해진다. 신형 전투기 개발 프로그램이 중단될 위기에 처하자 매버릭은 아직 성능이 검증되지 않은 전투기를 몰고 목표 속도인 마하10을 돌파하는 초음속 비행에 도전한다. 하지만 목표 지점에 도달한 뒤에도 가속을 감행한다. 한계를 극복하고자 하는 그의 강렬한 의지는 설정값에서 벗어나지 못하는 기계와 대조되면서 인간의 무한한 가능성을 부각한다.

매버릭이 구형 F-14 전투기를 탈취해 '친구 아들' 루스터를 데리고 적국에서 빠져나오면서 첨단 5세대 전투기를 상대로 맹활약을 펼친 것 또한 같은 맥락에서 해석할 수 있다. 매버릭의 천재적인 조종술은 기계의 한계를 극복하는 인간, 즉 인간의 잠재력을 강조하는 효과를 발휘한다. 결국 중요한 것은 전투기가 아닌 조종사, 기술이 아닌 인간임을 '신화적 영웅' 매버릭은 확실히 증명해낸다. 그리하여 극 중 목숨을 건 매버릭의 모든 대범한 비행은 인류 전체를 위한 도전과 헌신, 그리고 희생으로 장엄한 감동을 자아낸다.

'톰 크루즈' 매버릭: '관념'에서 '행동'으로

2016년 이세돌과 알파고의 바둑 대결에서 구글은 알파고가 인간과 달리 지치지도 않고 겁먹지도 않는다며 강한 자신감을 드러냈다. 인공지능의 강점은 역으로 인간의 약점이 된다. 최종 전적 4패 1승. 인간의 패배였다. 이 지점에서 영화 〈탑건: 매버릭〉은 '인간이란 무엇인가'라는 관념적 탐구를 '인간은 무엇을 해야 하는가'라는 존재론적 실천으로 전환하는 과감한 행보를 선보인다.

극 중 아이스맨이 죽기 전에 마지막으로 한 일은 '천재적인 조종사' 매버릭을 탑건스쿨에 재소환한 일이다. 전작에서 매버릭의 위험한 비행 태도를 문제 삼았던 아이스맨은 매버릭의 든든한 후원자가 되어 매버릭이 해야 할 일이 있다고 독려한다. 극적인 그의 태도 변화는 후두암으로 목소리를 잃고 컴퓨터를 통해 대화를 나누는 병든 그의 모습과 대조를 이루며 강한 여운을 남긴다.

〈탑건: 매버릭〉에서 우리가 주목할 것은 영화 대부분이 임무 완수를 위한 교육과 훈련, 즉 모의비행으로 채워져 있다는 점, 그리고 모든 모의비행이 실패로 끝난다는 점이다. 하지만 중요한 것은 실패가 아니다. 극 중 매버릭은 사고 트라우마로 비행을 계속하는 데 어려움을 겪는다. 하지만 연이은 실패 가운데서도 도전을 멈추지 않는다. 정신과 육체의 한계를 극복하고자 하는 그의 '행동'은 무엇이 인간을 인간답게 만드는지를 몸소 증명해낸다.

실천을 통한 존재 탐구는 영화 밖에서도 계속된다. 〈탑건: 매버릭〉은 배우들이 직접 전투기를 조종하는 아날로그 촬영 방식을 고수하였다. 그 결과 컴퓨터 그래픽으로는 흉내를 낼 수 없는 사실감을 구현해냈다는 극찬을 받으며 팬데믹 이후 장기 침체에 빠진 영화계에서 이례적으로 개봉 41일 만에 700만 명의 관객을 영화관으로 불러들이며 초대박 흥행을 이어가고 있다. 화면을 가득 채운 톰 크루즈의 주름진 얼굴을 보고 있으면 영화관에 가서 영화를 감상하는 경험까지가 영화란 장르를 구성한다는 걸 새삼 깨닫게 된다. '영화란 무엇인가'는 곧 '영화는 무엇을 해야 하는가'이다.

그렇다면 2022년 '지금 여기'의 우리는 무엇을 해야 하는가. 영화관에 가서 〈탑건: 매버릭〉을 보자. 보았다면 한 번 더 보자. 제작자 톰 크루즈의 '열 번째' 대한민국 방문은 행동이 중요하다는 걸 증명하는 또 하나의 모범 사례다. 미래는 우리의 '행동'에 따라 무한히 달라질 수 있다. Just do it! 우리는 누구나 가슴에 신화를 품고 있다. (2022. 8.)

일본과 한국 MZ세대가 그리는 꿈의 지도

일본 애니메이션 〈더 퍼스트 슬램덩크〉

26년 만에 〈슬램덩크〉가 돌아왔다. 극장 스크린에서 북산고 5인방이 그때 그 시절 만화체로 걸어나오는 순간, 지금은 중년이 된 X세대의 심장은 세차게 박동했다. N차 관람은 물론 만화책과 굿즈, 그리고 OST까지 〈슬램덩크〉의 모든 것이 신드롬급 인기를 이어가고 있다.

"첫사랑한테 4.5점을 주는 바보는 없어." (5점 만점)

콘텐츠 평점 사이트 왓챠피디아에서 가장 추천수가 많은 리뷰, 이 짧은 한 문장만 봐도 〈더 퍼스트 슬램덩크〉 (이하 〈슬램덩크〉) 인기 이유를 쉽게 파악할 수 있다. '첫사랑'. 러닝타임 124분 동안 순수의 시절로 돌아간 듯한 가슴 벅찬 느낌. "포기하는 순간 경기는 끝나는 겁니다"라는 명대사와 함께 강렬한 록음악이 '어쩌다 어른'이 되어버린 3040의 굳어버린 심장을 다시금 뛰게 만든다. 첫사랑이니까. 북산고 5인방의 얼굴에 맺힌 땀방울을 보는 것만으로도 그때 그 시절 가졌던 꿈과 희망이 되살아나는 듯한 착각이 든다.

영화 리뷰에서 '첫사랑'과 함께 자주 등장하는 단어가 하나 더 있다. '그래도'라는 접속사다. "그래도 봤다." "그래도 좋다." 만화책 『슬램덩크』도 마찬가지다. "그래도 샀다." "그래도 소장각." 눈치 빠른 사람은 이미 눈치챘겠지만, 영화 〈슬램덩크〉는 작품성이 그다지 좋은 영화가 아니다. 원작을 모르는 사람을 몰입시키기에는 스토리라인이 허술하고 단순하다. 이미 내용을 아는 사람은 스스로 스토리를 메워가며 보면 되겠지만 그건 오랜만에 다시 만난 '첫사랑'에 대한 인간적 배려의 차원이지 '내돈내산' 콘텐츠를 대하는 일반적인 태도는 분명 아니다.

'그래도' 영화 〈슬램덩크〉는 제임스 카메론 감독의 영화 〈아바타〉를 압도하는 흥행성적을 기록하고, 만화 『슬램덩크』는 100만 권 판매고를 기록하며 베스트셀러로 등극했다. '첫사랑'이니까. 세상 모든 첫사랑은 보호받을 권리가 있으니까 말이다. 그런데 여기서 잠깐. 첫사랑은 왜 우리를 찾아온 것일까. 그것도 26년 만에 갑자기.

송태섭이 돌아왔다

영화 〈슬램덩크〉는 원작자 이노우에 다케히코가 직접 각본에 참여하고 감독을 맡은 것으로 또 한번 화제를 모았다. 10년 넘게 영화화 작업을 제안받았지만 계속 거절해오다가 그는 2014년 직접 제작에 참여하는 걸 전제로 승인했다고 전해진다. 이노우에 다케히코가 그동안 영상화 작업을 왜 반대했고, 지금에 와서 왜 승인했는지는 중요하지 않다. 우리가 주목해야 할 것은 '지금 여기'의 영화 〈슬램덩크〉가 어떤 얼굴을 하고 우리를 찾아왔는가이다.

원작 만화와 영화의 가장 큰 차이는 '송태섭'이다. 원작에서 조연이었던 송태섭은 영화 주인공이 되어 영화의 시작과 끝을 장식한다. 송태섭, 그는 누구인가. 원작에서 주요 캐릭터인 강백호, 서태웅, 정대만은 제각각 다른 사연을 가지고 있지만 그들 사이에는 공통점이 하나 있다. 바로 천부적인 재능을 가진 선수란 점이다. 재능을 깨달은 시기와 재능이 꽃피운 시기는 다르지만 다른 선수들과 비교해 타고난 운동감각이 있었다. 반면에 송태섭은 170cm가 안 되는 작은 키를 가진, 선천적으로 불리한 신체적 조건을 가진 캐릭터로 그려진다. 영화 〈슬램덩크〉에서 송태섭의 작은 키는 원작 만화보다 훨씬 더 비중있게 다루어진다. 원작에는 없던 '죽은 형'의 등장은 송태섭의 작은 키를 강조하는 설정으로 활용된다. 유년 시절의 송태섭에게는 형이 하나 있었고, 그 형은 큰 키에 천부적인 재능을 가진 뛰어난 농구 선수로 일찍이 부각을 나타냈다. 하지만 불의의 사고로 목숨을 잃는다.

송태섭에게 왜 갑자기 죽은 형이, 그것도 타고난 재능을 인정받은 뛰어난 농구선수 형이 생긴 것일까. 관객의 눈물샘을 자극하기 위한 신파적 설정일까. 아니면 영웅 탄생을 위한 또 하나의 고난과 역경일까. 작은 키의 송태섭이 넘버원 가드로 우뚝 서게 되는 '성장서사'가 강조되는 과정에서 지워진 이야기가 있다. 바로 누군가의 동생이 아닌 송태섭 본연의 캐릭터다.

송태섭이 달라졌다

원작의 송태섭은 농구부 매니저 이한나를 보고 첫눈에 반해 농구를 열심히 하기로 결심한다. 농구부를 승리로 이끌고, 그래서 이한나가 웃으면 그걸로 자기도 행복하다고 생각한다. 이한나를 향한 마음이 송태섭 혼자만의 짝사랑이라는 점에서 그는 일종의 '덕후'다. 좋아하는 일이라면 그 어떤 대가나 보상이 필요치 않는, 좋아함 그 자체에 몰두하고 가치를 부여하는 '오타쿠' 말이다.

오타쿠의 기원은 누구나 알다시피 일본이다. 송태섭은 덕후의 나라 일본에서 태어난 전형적인 (로맨스) 덕후다. 그리고 '덕질'의 핵심은 '즐거움'이다. 원작 만화에서는 이한나만 바라보는 '덕후' 송태섭과 관련된 재미난 에피소드가 꽤 있다. 송태섭뿐 아니라 원작 만화의 주인 공 강백호 역시 농구부 주장 채치수의 동생 채소연의 마음에 들기 위해 농구를 시작한 '채소연' 덕후다. 때문에 원작의 유머 코드는 강백호 와 관련된 일화에 많이 기대어 있다.

하지만 영화는 '즐거운 덕질'에서 발생하는 유머러스한 에피소드 를 의도적으로 생략한다. 송태섭과 강백호의 러브라인은 완전히 삭 제되어 있고, 원작에서 웃음을 유발하는 유머 포인트는 좀처럼 발견 하기 어렵다. 몇 군데 장치가 있긴 하지만 맥락 없이 제시되어 원작을 모르는 관객은 이해하기 어렵다. 우리의 '첫사랑'은 완전히 달라졌다. 26년이란 세월 동안 도대체 무슨 일이 있었던 것일까.

강백호가 사라졌다

〈슬램덩크〉가 만화에서 영화로 건너오면서 스토리의 톤앤매너가 굉 장히 무거워졌다. 영화에서 송태섭은 죽은 형의 빈자리를 채우기 위해 가정에서나 학교에서나 고군분투한다. 그러나 그 노력은 번번이 무산되고, 죽은 형과의 비교는 지워지지 않는 흉터처럼 송태섭을 계속 따라다닌다. 영화에서 송태섭의 작은 키는 단순히 신체를 가리키지 않는다. 경쟁적 우위를 차지하는 형과의 비교해서 오는 정서적 열등감의 상징이다.

과거의 영광을 되찾기 위해 열심히 노력하는 동생의 모습, 무언가 기시감이 들지 않는가. 뛰어난 형과 동경하는 형을 좇아 애쓰는 동생의 구도에서 우리는 경제대국으로의 재도약을 꿈꾸는 '지금 여기' 일본의 모습을 발견할 수 있다. 1990년대 이후 일본은 부동산 및 주가 버블 붕괴 이후 장기 불황의 늪에서 벗어나지 못한 상태다. 경기 침체가 현재까지 이어지면서 '잃어버린 10년'은 어느새 '잃어버린 30년'으로 바뀌어졌고, '아시아의 맹주'로 군림하던 시절은 이미 오래전 추억이 되어버렸다.

원작의 주인공 강백호가 영화 〈슬램덩크〉에서 조연으로 밀려난 것은 모두 그 때문이다. 원작에서 강백호는 천부적인 재능을 가지고 놀라운 성장 속도를 보여주는 천재로 그려진다. 당시 일본은 아시아의 작은 섬나라에서 서방 국가들과 어깨를 나란히 경제대국으로 성장하고 있었다. 처음에는 자칭 천재였으나 점점 타인의 인정을 받아 진정한 천재로 거듭나는 강백호의 성장 서사는 전성기 시절의 일본이 걸어온 길과 닮아 있었다. 그런 의미에서 〈슬램덩크〉의 강백호는 만화 주인공 그 이상의 존재였다. 강백호는 거침없는 성장세의 일본 그 자체였다. 하지만 2023년 지금 여기의 일본은 그때 그 시절의 일본이 아니다. 그리고 강백호도 더 이상 2023년 일본의 얼굴이 될 수 없다.

아사히TV가 일본 국민 15만 명을 대상으로 한 설문조사를 진행하였다. "여러분이 가장 좋아하는 만화는 무엇입니까?" 그 결과, 1위는

『원피스』, 2위는『귀멸의 칼날』, 3위는『슬램덩크』였다. 『원피스』와 『귀멸의 칼날』이 현재 연재 중이거나 지난해 연재가 끝난 최신작이라는 것을 고려했을 때 일본 사람들의 마음 속에 '최애' 작품은 단연『슬램덩크』다. 과연 이것이 만화를 향한 단순한 애정일까. 그때 그 시절의 일본을 향한 그리움은 아닐까.

정우성이 나타났다

영화〈슬램덩크〉는 전국 제패를 목표로 뛰는 북산고 5인방에게 가장 중요한 시합, 즉 원작 만화에서 마지막 경기였던 산왕고와의 대결을 중심 사건으로 스토리를 전개해나간다. 산왕고와의 시합을 중심축으로 주요 캐릭터들의 사연이 과거 회상 장면과 교차 편집으로 등장한다. 송태섭을 중심으로, 채치수, 강백호, 정대만의 사연이 조금씩 곁들여진다. 서태웅만 빼고.

원작에서 서태웅은 어린 시절부터 뛰어난 선수로 인정받은 '농구 천재'로 그려진다. 하지만 영화에서 그의 존재감은 없다. 흥미로운 지점은 바로 그 다음이다. 서태웅이 빠진 자리에 상대팀 산왕고의 정우성이 슬며시 들어온다. 상대팀으로서는 유일하게 전사(前史)를 가진 그는 북산고와의 시합을 앞두고 사원에서 "제게 필요한 경험을 하게 해주세요"라고 기원을 한 뒤, 북산고에 패배한다. 원작에서 최강 농구

팀의 최고 에이스로 그려지는 '최정상의 선수' 정우성에게 부여된 새로운 서사가 바로 '좌절'의 경험이다.

영화의 마지막 장면에서 영화 〈슬램덩크〉의 메시지는 보다 명확해진다. 북산고와 산왕고의 시합이 북산고의 1점차 극적인 승리로 끝난 다음, 북산고의 송태섭과 산왕고의 정우성은 다시 맞붙는다. 하지만 그 무대는 일본이 아니다. 미국이다. 두 사람은 각각의 미국 농구팀에서 포인트 가드로 다시 재회한다.

과거의 영광과 현재의 실패를 뒤로 하고 다시 새로운 미래를 향해 뛰는 두 사람의 모습은 데칼코마니처럼 서로를 닮아 있다. 북산고와 산왕고, 송태섭과 정우성, 그들은 하나의 일본으로 새로운 승리를 위해 다시 뛴다. 그 모든 시련과 역경이 더 큰 성공을 위해 필요한 경험이었다는 듯 더욱 강해진 모습으로 두 사람은 세계 무대에서 다시 만난다.

슬램덩크가 돌아왔다

영화 〈슬램덩크〉는 이노우에 다케히코로 대표되는 기성세대가 저성장 시대 장기 불황의 늪에 빠진 일본의 MZ세대에게 보내는 편지다. 하지만 과거의 영광을 추억하거나 그때 그 시절을 감동적으로 재현하는 것에 그 목적을 두고 있지 않다.

영화에서 동경의 대상이었던 형에게 작은 키의 어린 송태섭이 묻는다. "산왕고에 들어가고 싶어?" 산왕고 선수들이 표지를 장식한 스포츠잡지를 보고 있던 형이 담담하게 대답한다. "아니, 산왕고를 이기고 싶어." 시간이 흐르고, 성인이 된 송태섭은 라이벌이었던 정우성과 함께 미국 NBA에 선다. 송태섭과 정우성이 이끄는 팀은 더 이상 북산고와 산왕고가 아니다. 미국이고 세계다. 이노우에 다케히코가 작은 키의 송태섭을 주인공으로 내세워 말하고 싶은 건 '성장'이 아니다. 바로 '도전'이다.

산왕고와의 시합이 끝나고 괜찮았냐고 묻는 어머니에게 송태섭은 담담하게 말한다. "나흘 만에 어떻게 키가 커요?" 성장은 과거에서 시작해 현재에 이르지만 도전은 현재에서 시작해 미래로 나아간다. 미래를 향한 또 한 번의 도약. 도전은 꿈과 희망, 그리고 가능성의 다른 말이다. 대가가 주어지지 않고 보장된 결과가 없다고 해도 결코 멈추지 않는다는 점에서 도전은 또 하나의 '즐거운 덕질'이다. 26년 만에 돌아온 '첫사랑'에서 그때 그 시절의 낯익은 향기가 나기 시작한다.

아, 슬램덩크가 돌아왔다!

한국에도 돌아왔다!!

일본 언론은 거침없던 일본의 전성기를 구가했던 이노우에 다케히코가 바닥이 보이지 않는 하강기를 살아가는 일본의 MZ세대에게 보내는 편지에 한국의 MZ세대가 왜 열광하는지 어리둥절하며 이런저

런 분석을 내놓고 있다. '노재팬(NOJAPAN)' 불매운동부터 콘텐츠의 무국적성까지 26년 만에 돌아온 첫사랑을 향한 무조건적 사랑을 해석해내는 관점이 다양하다. 사랑에 국경이 어딨겠는가. 하지만 영화 〈슬램덩크〉를 향한 한국 3040의 '즐거운 덕질'은 단순히 학창시절 재밌게 보던 만화를 향한 노스탤지어만이 아니다.

한국을 포함한 세계 경제가 90년대 초반 일본과 유사하게 장기 불황에 진입할 수 있다는 불길한 예감이 팽배하다. 슬램덩크 신드롬의 주역인 한국의 3040은 생산과 소비의 중추를 담당하는 핵심생산인구, 즉 경제활동을 주도적으로 이끄는 사회의 '포인트가드'다. 포인트가드란 누구인가. 팀이 공격할 때 게임을 리드하는 플레이메이커다. 송태섭이고 정우성이다. 저성장의 늪에 빠진 한국 경제를 짊어진 한국의 3040 세대가 감정이입하기에는 역시 '자신만만 농구천재' 강백호보단 '도전의 아이콘' 송태섭이 제격이다.

비록 지금 위축되어 있지만 한국의 MZ세대는 언제나 긴장하며 일본을 경계하던 이전 세대와는 다르다. 한국 팀의 포인트 가드인 이들은 이제 중국 팀은 의식해도 일본 팀을 염두에 두진 않는다. K-컬처는 이미 세계 정상에 도달했고, 더 이상 한국의 라이벌은 일제강점기 시절의 일본제국이 아니다. 한국이 경쟁해야 할 대상은 드라마 〈오징어게임〉, 영화 〈기생충〉, 방탄소년단과 블랙핑크, 그러니까 세계 정상에 오른 '지금 여기'의 한국 자신이다. 26년 만에 돌아온 '과거의 첫사랑'

앞에서 일본과 한국의 MZ세대가 함께 열광하지만 그들이 꾸는 꿈의 지도는 완전히 다르다.

대한민국의 MZ세대여, 돌아온 슬램덩크를 마음껏 즐기자. 끝날 때까지 끝난 게 아니다! (2023. 2.)

(한국) 여자는 한 달에 한 번 마녀가 된다
- 다큐 〈피의 연대기〉

(한국) 여자들은 한 달에 한 번 마녀가 된다. 〈오즈의 마법사〉나 〈해리
포터〉에 나오는 마법사의 흥미진진한 모험 이야기가 아니다. 의지와
상관없이 피 흘리는 존재로 태어나 "한 달에 5일, 큰 숟가락 세 개 분
량. 1년으로 치면 300밀리리터(㎖), 10년에 1.5리터(ℓ) 생수 두 병을
채우고 평생을 모두 합치면 10리터에 달하는 피"를 흘려야만 하는 '생
물학적' 여성들의 이야기다. 생리를 생리라고 부르지 못하고, 대자연,
그날, 홍양, 멘스, 달거리, 그리고 마법으로 불러야 하는, '마법' 없는
마법사들의 이야기.

　다큐 〈피의 연대기〉는 모든 여성을 위한 '생리백과사전'을 표방하

며 이제까지 금기시되고 터부시되어온 생리 이야기를 사회 공론장에 대담하게 꺼내놓는다. 이름하여, 생리 '커밍아웃'.

생리란 무엇인가

생리의 사전적 정의는 간단하다. 성숙한 여성의 자궁에서 주기적으로 출혈하는 생리현상. 하지만 그 단순함 안에 담긴 역사적, 문화적 의미는 절대 단순하지 않다. 생리에 대해 모두 알고는 있다. 하지만 생리에 대해 잘 아는 사람은 드물다. 심지어 여성들도 생리와 관련해서는 좀처럼 대화를 나누지 않는다. 생리는 특수하지도 보편적이지도 않다는 점에서 굉장히 다루기 어려운 소재다.

모든 창작품은 창작자의 인위적인 간섭과 관여가 전제된 가공된 예술이다. 때문에 작가의 주제 의식을 가장 효과적으로 전달하기 위한 치밀한 서사전략이 필수적이다. 논픽션의 모든 서사전략은 '사실' 너머에 있는 '진실'을 드러내기 위함이다. 다큐 〈피의 연대기〉는 1인칭 '주인공' 시점과 1인칭 '관찰자' 시점을 번갈아 오고 가며 개인의 특수한 경험으로부터 사회 보편적 경험으로의 확장을 시도한다. '나' 개인에서 '우리' 여성, 그리고 보편의 인류 전체를 대상으로 하는 우리 몸에 관한 인식의 전환, 그것이 바로 〈피의 연대기〉가 '생리 커밍아웃'을 통해 전달하고자 하는 '진실'이다.

'전지적 1인칭 시점'의 다큐

지난 2015년 가을, 김보람 감독은 샬롯이라는 네덜란드 여성을 우연히 만나 초경 때부터 생리대 대신 탐폰을 사용했다는 사실을 알게 된다. 그 일은 '우리는 모두 똑같이 피를 흘리는데 왜 다른 생리용품을 쓰고 있는 걸까?'라는 궁금증과 함께 〈피의 연대기〉를 작업하는 계기가 된다. 1인칭 주인공 '김보람' 시점으로 시작한 다큐는 네덜란드 샬롯을 거쳐 영국과 미국 등 세계 각지로 뻗어나간다. 국적뿐 아니라 나이와 직업이 각각 다른 여성들이 서로 다른 얼굴의 '1인칭 주인공'이 되어 인터뷰에 등장한다. 엄마와 딸, 교사와 학생, 감독과 스텝이 '1인칭 주인공'의 자격으로 자신만의 생리 경험을 진술하게 털어놓는다.

1인칭 '나'가 모여 1인칭 '우리'가 되어가는 과정. 다큐에 나오는 사람들이 부모로부터 부여된 '성'을 빼고 이름으로 존재하는 것도 그 때문이다. 누군가의 자녀가 아닌 오로지 '나', '1인칭 주인공'으로서 존재한다. 큰 이야기에서 작은 이야기로 분파되어 나오지 않고, 작은 이야기들이 모여 '거대한 하나의 작은 이야기' 만들어지는 것, 그것이 바로 다큐 〈피의 연대기〉가 보여주는 진정한 '연대'의 기록이다.

〈피의 연대기〉는 생리와 생리대의 역사를 다룬 연대기(年代記)인 동시에 '피 흘리는 존재'인 여성들의 연대기(連帶記)다. 김보람 감독은 직접 '고프로 카메라'를 이마에 달고 생리컵에 담긴 피를 세면대에 헹구는 모습을 그대로 다큐에 담아낸다. 그 과정에서 김보람 감독은 1인칭 주인공이자 1인칭 관찰자로서 자유롭게 시점 전환을 이루어내고, 다큐 안과 밖의 경계를 허물며 '전지적 1인칭 시점'의 다큐를 새롭게 창작해낸다.

1인칭 '사적' 경험의 생리

1인칭 시점의 다큐가 관객에게 선사할 수 있는 최고의 선물은 '살아 있는 현장감'이다. 〈피의 연대기〉에는 생리용품에 관한 '1인칭 나'의 '사용후기'가 나이별 용품별로 다양하게 등장한다.

"쓰고 버릴 거라고 생각을 하게 되니까 별로 그렇게 중요하게 여기지 않는 것 같아요."

(일회용 생리대를 사용하는 10대)

"생리혈, 내 질을 더럽고 냄새나는 것으로 보지 않게 됐어요. 생리대에 묻은 피가 냄새가 나는 건 산화됐기 때문이에요. 생리컵에서 방금 뺀 피는 정맥을 흐르는 피와 똑같아요. 변기에 버리면 빨간 물감처럼 예쁘게 번져요. 그걸 보는데 쾌감이 들었어요. 처음으로 생리가 끔찍하지만은 않다는 생각을 했죠."

(생리컵을 사용하는 20대)

1인칭 주인공의 사적 경험은 단순히 생리대에 관한 단편적인 체험담에 머물지 않는다. 일회용 생리대로 시작해 탐폰, 생리컵에 이르는 각양각색 생리용품 후기를 통해 생리를 대하는 '지금 여기' 우리의 태도를 예리하게 짚어낸다. 일회용 생리에서 천 생리대로 바꾼 다음, 직접 생리대를 빨아 쓰고 재활용함으로써 생리를 자연스러운 생리 현상으로 받아들이게 되었다는 '1인칭 나'의 고백. 생리는 더럽지 않다. 생리대는 버리지 않는다. 생리대 재사용 경험은 생리와 우리 몸, 그리고 자아정체성에 관한 인식에 긍정적인 영향을 준다.

여기서 한 걸음 더 나아가 다큐 〈피의 연대기〉는 우리가 그동안 몰랐던 대안 생리대로서 생리컵을 제시한다. 생리컵의 종류, 생리컵 사용법 그리고 질에 손가락을 넣고 길이를 재 자신에게 맞는 생리컵을 찾아가는 과정을 친절하게 설명해준다. 나에게 맞는 생리용품을 찾아가는 과정이 곧 나의 몸을 있는 그대로 인정하는 일이기 때문이다.

"이제 몸 그 자체의 고유함을 처음으로 만족하고…."

'1인칭 나'의 감동적인 고백은 다큐 밖에 있는 또 다른 '1인칭 나'에게 생리와 생리대에 관한 건강한 경험을 촉구한다. 그리고 다큐 안과 밖, 주인공과 관찰자, 감독과 관객의 경계를 허물며 '전지적 1인칭 시점'의 세계로 초대한다. "이 화면을 보고 있을 당신까지도."

1인칭 '공적' 경험의 생리

다큐 〈피의 연대기〉는 '사적인' 1인칭의 세계에 머물지 않고 공적인 세계로의 비약에 도전한다. 세상의 모든 '1인칭 나'에게 건강한 경험을 제공할 수 있는 법안 제정. 김보람 감독은 한국 최초로 2016년 무상 생리대 법안이 미국에서 통과된 과정을 직접 가서 취재하여 다큐에 담아낸다.

"새 학기가 시작되는 9월부터 학생들은 학교 모든 화장실에서 여성 위생용품을 무료로 사용할 수 있습니다. 6월에는 불가능했던 일들이 9월에는 가능해질 겁니다. 중요한 문제이기 때문에 시급한 변화가 필요합니다."

2016년 뉴욕시는 세계 최초로 공립학교, 노숙인보호소, 시립교도소에 무상 생리대와 탐폰을 지원하는 법안을 통과시킨다. 빌 드블라시오 뉴욕시장이 법안 통과를 발표하는 모습, 그리고 그것과는 대조적인 한국의 열악한 상황이 적나라하게 폭로된다. 저소득층 여성 청소년이 생리대를 살 돈이 없어 신발 깔창과 휴지를 쓴 '깔창 생리대' 사건 그리고 '일회용 생리대 유해성' 논란. 과연 이런 상황에서 우리는 생리와 생리대, 그리고 우리 몸과 우리 자신에 대해 건강한 태도를 취할 수 있을까.

김보람 감독은 '전지적 1인칭'으로서 다큐 밖에 있는 또다른 '1인칭 나'를 찾아 나서며 아직 오지 않은 미래를 향한 희망의 불씨를 꼼꼼히 기록해놓는다. 2016년 마포을 국회의원 선거에서 노동당 하윤정 후보가 무상 생리대 지급을 선거공약으로 내세워 길거리 홍보에 나선 모습, 2016년 이재명 성남시장이 지자체 최초로 저소득층 여자 청소년 생리대 무상 지급을 시행한 사례, 그리고 2017년 한국국회 청소년 복지 지원법 개정안 의결까지.

마법의 시간

생리혈이 묻은 천 생리대가 있다. 선홍빛으로 물든 생리대를 찬물에 담근다. 얼마 지나지 않아 핏물이 빠지고 천 생리대는 다시 새하얗게 된다. 그렇게 새로운 생리혈을 건강하게 맞이할 수 있는 모든 준비는 '간단하게' 끝난다. 다큐 〈피의 연대기〉는 마법 없는 마법사들의 이야기지만 그 안에는 진짜 마법의 비밀이 숨겨져 있다. 바로 천 생리대

'재'사용법이다.

수백 수천 년 전부터 시작되어 온 마녀사냥의 역사. 다큐 〈피의 연대기〉의 도입부로 돌아가 보면 고전문헌 속 '마녀사냥'이 있다. 언제부터 생리가 부끄러움과 수치로 금기시되고 터부시되었는지, 지금 여기의 생리 인식에 관해 기원을 집요하게 추적한다. "여자가 몸에서 피를 흘릴 때 그것이 여자의 몸에서 흐르는 월경이면 그 여자는 이레 동안 불경하다"는 성경의 레위기 15장 19~21절 말씀, 여성이 생리와 출산 중 흘린 피로 강을 오염시켰기 때문에 『혈분경』을 읊고 용서받아야 한다는 동아시아 경전 『혈분경(血分經)』…. 여성의 생리와 여성의 몸에 남긴 낙인과 편견을 집요하게 파고들며 '사적' 생리에 덧입혀진, 혐오와 배제의 '공적' 역사성을 날카롭게 파헤친다.

오랜 역사의 마녀사냥 앞에 김보람 감독은 다큐 〈피의 연대기〉를 생리와 생리대에 대한 대항 기억으로서 내놓는다. 오래 방치되어 산화된 생리혈을 지워내고 새로운 생리혈을 맞이하듯. 시간이 지나면 또 하나의 문헌자료가 될, 그리하여 생리와 우리 몸 그리고 자아정체성에 관한 건강한 토론의 장을 열어줄 새로운 생리혈, 그것이 '생리 커밍아웃'이라 불리는 다큐 〈피의 연대기〉의 또 다른 별칭이다. (한국) 여자들은 한 달에 한 번 마녀가 된다. 그리고 마법의 시간은 지금부터 시작이다. (2023. 7.)

우리는 왜 지금 윤리를 이야기하는가
- 영화 〈증인〉과 〈나의 특별한 형제〉를 중심으로

"아프리카 세렝게티는 얼마 남지 않은 야생동물들의 천국입니다. 이곳에서 초식동물이 살아남는다는 것은 쉬운 일이 아닙니다. 많은 위험이 도사리고 있지요."

영화 〈말아톤〉은 다섯 살 지능의 20살 자폐 청년이 엄마의 보살핌에서 벗어나 스스로 장애의 틀을 깨고 나오는 과정을 따뜻한 시선으로 그려냄으로써 관객과 평단 둘 다에게 큰 호평을 받았다. 마라톤 완주 후 기자 앞에서 선 '초원'의 얼굴은 사진에 찍히듯 클로즈업되는데, 환한 그의 미소는 사람들 마음속에 깊은 여운을 남기며 진한 감동을 선사한다. 사회적 편견에 고통받는 자폐아에서 독립과 자존을 찾아가는 한 인간으로의 성장담. 그렇게 영화는 해피엔딩으로 막을 내린다.

그런데 삶은, 영화가 아니다. 마라톤 완주 후 그는 어떻게 살고 있을까. 이 질문은 영화의 실제 모델인 배형진 군에 대한 안부이기도 하지만 또 다른 '초원', 그러니까 영화에 등장하는 불특정 소수의 장애인을 향한 안부이기도 하다. 삶은 영화가 아니지만, 영화는 삶의 궤도에서 벗어나지 않는다. 실재보다 더 진짜 같은 파상실재(hyper reality)를 통해 영화는 현실과의 경계를 지우며 한 사회가 가지고 있는 문화 질서를 반영하는 일종의 거울로서 기능한다. 그렇다면 영화에 등장하는 장애인의 삶은 어떠한가. 영화 속에서 그들은 어떤 역할을 하고 있으며 어떤 모습으로 그려지는가. 이 글은 '초원'의 미래, 그러니까 또 다른 '초원'의 현재를 상상하는 데서 출발한다.

삶과 영화, 그리고 장애인

〈말아톤〉〈맨발의 기봉이〉〈허브〉〈형〉〈채비〉〈그것만이 내 세상〉….

2000년대 장애인을 주인공으로 하는 한국 영화에서는 일정한 패턴이 발견된다. 만남과 이별의 다양한 변주를 보여주는 로맨스 장르처럼 '장애인 영화'는 자기만의 장르적 관습이 있고 그것에 따른 관객의 기대가 있다. 학술적으로 연구가 전문화되거나 산업적으로 장르적 팬덤이 구축된 것은 아니지만 관습적 상상력의 반복과 차이화가 진행된다는 점에서 하나의 세부 장르로 규정하는 데는 큰 어려움이 없다.

'장애인 영화'에 대한 관객의 장르적 기대는 명확하다. 바로 감동이다. 장애인은 자신의 장애를 극복하고, 비장애인은 자신의 편견을 반성한다. 그리고 결국엔 장애인과 비장애인의 따뜻한 연대와 해피엔딩. 로맨스 영화처럼 장애인과 비장애인은 오해와 이해를 반복하다가 마지막에 서로의 존재를 인정하며 훈훈한 결말로 끝난다. 그 과정에서 메시지는 정해져 있다.

'장애인과 비장애인은 다르지 않다.' '장애인과 비장애인은 함께 살아야 한다.'

정해진 답이 있기에 영화에서 중요한 것은 '무엇'(what)이 아니라 '어떻게'(how)다. 장애인의 장애를 선천적으로 할 것인가 후천적으로 할 것인가. 지적장애로 할 것인가 사고에 의한 중도 실명으로 할 것인가. 장애인 옆에 있는 비장애인을 친형으로 할 것인가 의붓형으로 할 것인가. 그 형은 전과 10범 사기꾼으로 할 것인가 전직 동양 WBC 챔피언 백수로 할 것인가. '장애인 영화'의 차별점은 너무 원론적이어서 이제는 식상해진 주제를 어떻게 새로운 이야기로 변주할 것인가, 즉 창작의 스펙트럼을 어떻게 넓힐까 고민하는 데서 발생한다.

그러나 관객의 기대 혹은 예상과는 다르게, 영화 〈증인〉과 〈나의 특별한 형제〉는 그 '무엇'(what)에 대해 본질적인 질문을 던지며 시작한다.

장애인과 비장애인은 왜 같아야 하는가.

장애인과 비장애인은 왜 함께 살아야 하는가.

이 질문들은 소위 '장애인 영화'라고 불리는 일련의 영화들이 보여주는 관습적 상상력에 대한 이의제기라고 할 수 있다. 과연 그것은 바람직한가. 그 윤리는 정말 윤리적인가. 이런 의문은 '질문하는 형식'으로서의 예술에 가장 가까운 접근법이라는 점에서 매우 근본적이다. 하지만 이제까지 당연히 여겨왔던 윤리 자체에 대한 전복적인 시각을 보여준다는 점에서 매우 급진적인 성격을 가진다.

삶은 영화가 아니다. 엄밀히 말해, 영화 역시 삶은 아니다. 영화가 단순히 현실의 거울에 머물지 않고 허구적 진실에 도달하기 위해서는 세상을 바라보는 자기만의 시각, 즉 사유와 성찰의 지점이 있어야 한다. 대중예술로서 영화의 사회적 영향력은 관객동원력과 같은 양적 영역과 더불어 새 의제를 설정하고 담론을 형성하여 새로운 문화 질서를 구축하는 질적 영역까지 포함해야 한다. 그런 의미에서 〈증인〉과 〈나의 특별한 형제〉가 선보인 새로운 윤리의 좌표는 우리가 서 있는 '지금 여기'의 윤리를 점검하고 앞으로 우리가 맞이하게 될 한국 사회의 변화를 미리 경험해볼 수 있다는 점에서 유의미한 지점에 놓여 있다.

장애인과 비장애인은 왜 같아야 하는가

영화 〈증인〉은 대형 로펌 변호사 '순호'(정우성 분)가 파트너 변호사로 승진할 기회가 걸린 사건의 변호사로 지목되면서 이야기가 시작된다. 그는 살인 용의자의 무죄를 입증하기 위해 유일한 목격자인 자폐 소녀 '지우'(김향기 분)를 증인으로 세워야만 한다. 하지만 자기만의 세계에 빠진 아이와는 인사조차 나눌 수 없는 상황. 그는 사건 당일의 이야기를 듣기 위해 계속 아이를 찾아간다.

극 초반까지 영화 〈증인〉은 기존 '장애인 영화'와 별반 다르지 않게 서사가 전개된다. 착한 장애인과 착하지 않은 비장애인, 그리고 그들의 목적 있는 만남. 비장애인은 장애인의 무언가를 이용할 목적으로 접근하고 장애인의 마음을 얻기 위해 노력한다. 영화 〈그것만이 내 세상〉의 서번트 증후군 피아노 천재 '진태'(박정민 분)는 전직 동양 WBC 챔피언이지만 지금은 백수인 의붓형의 캐나다 이민 자금을 위해 피아노 콩쿠르 참가를 독려받고, 영화 〈형〉의 중도 실명한 전직 국가대표 유도선수 '경우'(도경수 분)는 전과 10범의 사기꾼 형에게 속아 집을 담보로 거액을 대출받을 위기에 놓인다. 하지만 중요한 것은 만남의 시작이 아니라 끝이다. '장애인 영화'는 우여곡절 끝에 서로의 진심을 확인하고 진한 우정을 나누는 행복한 결말을 향해 전진한다.

그런데, 영화 〈증인〉이 말하고자 하는 것은 '결과'로서의 연대가 아니다. 기존 '장애인 영화'가 두 사람의 감동적인 연대에 방점을 찍는다면, 영화 〈증인〉은 그 지점에 도달하기까지의 과정을 그리는 데 중점을 둔다. 장애인과 비장애인이 '어떻게' 가까워질 수 있는가. 장애인과 비장애인이 소통하고 교감하는 다양한 방법론, 그것이 바로 영화 〈증인〉이 관객에게 던지는 '질문'으로서의 메시지다. 영화는 그들의 소통이 얼마나 자주 어긋나고 미끄러지는지, 그들의 지속적인 교감 실패에 관해 이야기한다. 하지만 이 말은 반은 맞고 반은 틀리다. 이것은 관계 맺기의 실패에 관한 이야기인 동시에 공감의 윤리가 실패하는 지점에서 우리가 '무엇'을 발견해야 하는가에 관한 이야기이다.

그 '무엇'은 무엇인가. 바로 '장애인과 비장애인은 다르다'라는 사실이다.

기존 '장애인 영화'에서 가장 먼저 눈에 띄는 것은 장애에 대한 사회적 편견과 장애인에 대한 일상적 차별이다. 그와 관련된 에피소드가 여러 차례 반복되는데, 이때 관객은 엄청난 폭력 사건을 목격한 것처럼 죄의식에 휩싸인다. 장애인을 놀리거나 조롱하는 행위, 장애인을 때리거나 폭언을 하는 행위에 직접 관여한 것은 아니지만, 그걸 목격하고도 아무런 조처를 하지 않은 방관자 위치에 서 있는 기분이 들기 때문이다. 이와 같은 장애 에피소드의 초점화는 장애인의 타자성을 강조하여 비장애인과의 연대 형성에 필요한 정서적 개연성을 만들어낸다. 그런데 그 연대는 겉보기에는 수평적인 관계로 보이지만 동정과 연민에 기반을 두고 있다는 점에서 관계의 수직성을 내포한다. '장애인과 비장애인은 다르지 않다'라는 명제 아래 장애인의 타자성은 주체로 환원되어 사라지는 것이다.

하지만 영화 〈증인〉에서 지우의 장애는 타자의 타자성으로 존중받는다. 법정에서 증인으로 서게 된 지우는 자폐아란 이유로 증언의 사실 여부를 의심받는다. "할아버지의 목을 조르며, 아줌마가 웃고 있었어요"라고 증언했지만, 변호사 순호가 내민 그림 속 얼굴의 표정을 읽어내지 못했기 때문이다. 하지만 순호는 기억력이 뛰어나고 청력이 민감한 자폐의 특성을 역으로 이용해 가사도우미가 살인자임을 증명해낸다. 지우가 멀리 떨어진 사건 현장에서 있었던 모든 대사와 상황들을 기억하고 있었던 것이다.

재판에서 순호는 "일탈적이고 비정상적인 것이 꼭 열등한 것은 아니다. 사람은 모두 다 다르다"라고 역설한다. 이 대사는 '장애인과 비장애인은 다르지 않다'라고 강조했던 기존 '장애인 영화'의 메시지를 전복시키는 효과를 발휘하며 '장애인과 비장애인은 사람이기에 모두 다 다르다'라는 새로운 윤리를 제시한다.

서로 다름에 대하여

'사람은 다 다르다'는 것에서 한 걸음 더 나아가 영화 〈증인〉은 지우의 장애를 보편적 인간의 특성으로 전유한다. 재판이 끝나고 자신에게 불리한 증언을 한 지우를 찾아와 겁박하는 가사도우미의 웃는 얼굴을 목격한 관객은 큰 혼란을 느끼게 된다. 그 얼굴을 우리는 어떻게 해석해야 할 것인가. 감정과 표정의 불일치는 우리가 이제까지 진실이라고 믿었던 것들을 의심하라고 촉구한다.

우리가 본 것은 도대체 무엇인가. 본다는 것은 과연 어떤 의미가 있는 것인가. 우리가 느끼는 이러한 당혹감은 법정에서 감정이 지워진 얼굴만 보고 표정을 읽어내야 했던 지우가 느낀 그것과 별반 다르지 않다. 그제야 우리는 지우의 말을 이해할 수 있는 태도가 된다. "선혜는 웃는 얼굴인데 나를 이용하고, 엄마는 화난 얼굴인데 나를 사랑합니다." 이렇게 지우의 장애는 우리가 알고 있는 표정의 의미를 무효화시키며 우리의 신념과 가치에 균열을 일으킨다.

극 중 지우는 무표정한 얼굴로 계속 등장한다. 때문에 지우가 어떤 생각을 하고 어떤 마음인지 파악하기 어렵다. 그런데, 흥미로운 것은 이러한 표정의 '없음'이 '있음'보다 더 많은 의미를 함의하고 있다는 점이다. 표정이 지워진 지우의 얼굴은 다양한 표정의 가면으로 자기 생각을 감추는 비장애인보다 자신이 어떤 생각과 감정을 가졌는지, 그러니까 자신이 누구인지 정직하게 드러낸다.

레스나스에 의하면 "그가 그인 것은 그의 성격이나 외모나 그의 심리상태 때문이 아니라 오로지 그의 다름 때문이다." 다시 말해, 인간 존재에는 어떠한 형식이나 맥락에도 구속되지 않는, 의미화에 선행되는 본질적인 의미가 내포되어 있다. 지우의 표정 없는 얼굴은 자폐 소녀의 그것이 아니라 '한 인간'의 얼굴, 즉 인간의 원형적 얼굴이다.

영화 〈증인〉에서 지우의 장애는 지우의 삶을 방해하는 장애물이 아니라 지우의 정체성을 증명해주는 존재론적 특성으로 그려진다. "자폐가 아니었으면 참 좋았을 텐데"라는 순호의 말에 지우 엄마는 "그건 지우가 아니지요"라고 단호하게 대답한다. 그것은 지우와 순호가 소통과 교감을 하는 친밀한 관계가 되었다고 해서 달라지지 않는다. 재판이 다 끝나고 지우의 생일파티에 초대받은 순호가 집에 방문했을 때 지우가 친구들과 어울려 노느라 순호를 신경 쓰지 않자 지우 엄마는 곤란해한다. 하지만 순호는 "괜찮습니다. 저게 지우잖아요"라고 말하며 지우가 있는 쪽으로 자리를 옮긴다. 지우의 장애는 순호와의 사적 관계 속에서 용해되지 않고 순호의 삶에 의해 완전히 포섭되지 않는다. 그렇게 자폐 소녀 지우는 절대적 타자로서 당당하게 주체의 자리에 앉아 자기만의 세계를 구축하고 그 안에 평화롭게 머문다.

장애인과 비장애인은 왜 함께 살아야 하는가

기존 '장애인 영화'는 장애인과 비장애인이 함께 사는 세상을 감동적으로 그리는 데서 영화가 끝난다. 그건 영화 〈증인〉도 마찬가지다. 연대가 아닌 연대에 이르는 과정에 초점을 맞추긴 하였으나 장애인과 비장애인의 관계를 중심으로 스토리가 진행된다는 점에서 기존 '장애인 영화'와 유사한 결말을 맞이한다. 그런데 생일파티가 끝나고 친구들이 집으로 다 돌아가고 나서 영화 〈증인〉의 '지우'는 어떤 저녁을 보냈을까. 순호와의 연락도 점점 뜸해지고, 그러다가 어느덧 지우를 헌신적으로 돌봐주던 엄마는 늙어 세상을 먼저 떠나고, 그렇게 우리가 알던 사람들이 다 사라지고 나면 지우는 어떤 삶을 살게 될까.

'장애인 영화'에서 장애인과 친밀한 관계를 형성하는 비장애인은 대부분 가족이다. 영화 〈맨발의 기봉이〉의 '기봉' 옆에는 욕쟁이 엄마가 있고, 영화 〈말아톤〉의 '초원' 옆에는 엄격하지만 속은 따뜻한 엄마, 아빠와 남동생이 있다. 그리고 영화 〈그것만이 내 세상〉의 '진태' 옆에는 죽은 엄마 대신 그를 돌봐줄 의붓형이 있다. 가족이 아닌 비장애인도 등장하지만 그들은 가족관계인 장애인과 비장애인의 연대가 깊어지는 데 도움을 주는 보조적인 역할에 머물 뿐이다. 이처럼 '장애인 영화'는 장애 극복을 통한 장애인의 성장영화이면서 가족애를 그린 홈드라마의 형식을 지닌다.

그런데, 영화 〈나의 특별한 형제〉에는 가족이 없다. 가족이 진짜 없거나 있어도 없는 것처럼 그려진다. 무엇보다 영화 속 두 주인공들의 관계가 가족이 아니다. 그것도 '장애인과 비장애인'이 아닌 '장애인과 장애인'이다. '장애인과 비장애인은 함께 살아야 한다'라는 기존 '장애인 영화'의 메시지는 등장인물 설정에서부터 성립이 불가능이다. 영화 〈나의 특별한 형제〉의 주인공 '세하'는 지체 장애인으로 총 세 차례 혼자 남겨진다. 도대체 왜 이런 일들이 자꾸 벌어지는 것일까. 무엇을 위한 사건이고 이것들이 가리키는 것은 무엇일까. 영화 〈나의 특별한 형제〉는 장애인과 소통하고 교감하며 도움을 줄 비장애인이 없다면 장애인은 어떤 삶을 살아갈 것인가, 라는 현실적인 가정에서 시작한다.

엄마가 죽고 삼촌에게 버림받은 '세하'는 사회복지법인 '책임의 집'에서 다른 장애인들과 함께 생활한다. 그곳은 가족에 의해 버림을 받거나 위탁이라는 또 다른 '버림'에 의해 혼자가 된 장애인들이 모여 사는 곳이다. 하지만 가족처럼 장애인들을 돌보는 신부님과 사는 그들의 모습은 기존 '장애인 영화'처럼 평화롭게 그려진다. 문제는 신부님이 죽고 그들만 남겨졌을 때 발생한다. 그들은 어떻게 되었을까.

후원금도 끊기고 신부님도 없는 상황에서 '책임의 집'은 강제 폐쇄되고, 수십 년 동안 함께 살았던 가족 같은 장애인들은 모두 뿔뿔이 흩어져 각기 다른 시설로 보내진다. 왜 장애인은 비장애인과 함께 살아야 하는가. 그것은 장애인은 스스로 자립할 수 없는 불완전한 존재이기 때문이다. 눈물바다가 된 그들의 이별 장면 앞에서 관객들은 '장애인과 비장애인은 함께 살아야 한다'는 말 속에 담긴 장애인을 향한 비가시적 차별을 인지하게 된다.

슬라보예 지젝은 『폭력이란 무엇인가』에서 눈에 보이는 '주관적 폭력'보다 눈에 보이지 않는 '객관적 폭력', 즉 '상징적 폭력'과 '구조적 폭력'에 주목해야 한다고 주장한다. 특히 그는 주관적 폭력과 싸우는 듯 보이지만 실제로는 "하나의 체계 속에 내재된 폭력"을 견고히 하는 주관적 폭력의 가해자 역할을 하는 자들의 위선을 비판한다. "하루아침에 생판 남하고 사는 게 얼마나 엿 같은 줄 알아요?"라는 극 중 세하의 대사는 나태하고 안일한 우리의 윤리의식에 균열을 일으키며 우리를 성찰의 자리로 내몬다. '장애인과 비장애인은 함께 살아야 한다'와 '장애인은 비장애인과 함께 살아야 한다'는 얼핏 비슷한 말로 보이지만 전혀 다른 의미를 지닌다.

함께 사는 삶에 대하여

영화 〈나의 특별한 형제〉는 두 장애인의 연대를 통해 '함께 사는 삶'에 대한 재정의를 관객에게 요청한다. 어쩌면 이것은 인간 존재의 형식에 대한 문제 제기이기도 하다. 극 중 세하는 갑자기 나타난 동구의 가족들과 '동구는 누구와 살 것인가'에 관한 문제로 법정 다툼을 벌인다. 5살 정신연령의 '동구'는 수영장에서 엄마에게 버려져 시설에서 살게 된 지적 장애인으로 세하와는 수십 년 동안 '책임의 집'에서 함께 살며 형제처럼 지낸 사이다.

영화는 세하와 살던 활기찬 동구의 예전 모습과 친엄마와 살게 된 동구의 무기력한 현재 모습을 시간 간격을 두고 사실적으로 보여준다. 거동이 어려운 지체 장애인 세하는 식사를 하거나 화장실에서 용변을 볼 때, 그리고 휠체어를 타고 외출할 때 모두 동구의 도움을 받았고 동구의 가족들은 세하가 자신의 편의를 위해 지적 장애인 동구를 이용했다고 주장한다. 반면에, 동구를 집으로 데려온 엄마는 "일 안해도 돼. 여기 가만히 앉아 있기만 해"라고 말하며 지적 장애인인 동구를 자신이 운영하는 음식점 카운터 옆에 가만히 앉혀 둔다. 과연 어떤 삶이 진정 동구를 위한 것일까. 가게에 불을 내고 사람들이 혼란한 틈을 타 예전에 세하와 살던 '책임의 집'에 찾아가는 동구의 모습에서 관객들은 자신의 지평으로 타자를 환원하려 했던 자아 중심적인 주체로서 우리 자신의 모습을 깊이 반성하게 된다.

영화 〈나의 특별한 형제〉에서 말하는 '함께 산다는 것'은 동정과 연민의 수직적 관계가 아닌 상호보완적인 수평적 관계를 의미한다. 모든 인간은 서로 돕고 산다. 도와가며 사는 것이 삶이고 인간의 본질이다. 장애인은 불완전한 존재이기에 비장애인의 도움을 받는 것이 아니라 사람이기에 서로 도움을 주고받으며 살아간다. 자신이 동구를 이용했다고 몰아붙이는 동구의 가족들에게 세하는 장애인의 삶이 아닌 '인간의 삶'에 관한 문제로 환원하여 답변한다. "내가 동구를 이용했다면 동구도 나를 이용한 것이고 내가 동구를 도왔다면 동구도 나를 도운 겁니다. 그렇게 우리는 같이 살아온 겁니다."

영화 〈나의 특별한 형제〉는 세하와 동구가 사는 임대아파트에 비장애인 수영선생님 '미연'이 찾아와 함께 식사하는 장면으로 끝난다. 기존 '장애인 영화'의 장애인들이 장애 극복의 과정을 거쳐 사회 구성원으로서 성장과 성숙의 장으로 진입하는 것과는 대조적이다. 〈그것만이 내 세상〉의 '진태'는 교회와 집에서 나와 사람들이 많이 모이는 광장에서 피아노를 치고, 〈형〉의 '경우'는 커튼 쳐진 암흑의 집에서 나와 브라질에서 개최하는 장애인 올림픽에 국가대표 유도선수로 출전하고, 〈말아톤〉의 '초원'은 주변의 만류에도 불구하고 마라톤대회에 참가해 사람들과 함께 달린다. 그런데 왜, 세하와 동구는 오히려 사람들을 떠나 자기들만의 집으로 들어온 것일까.

악셀 호네트는 『인정투쟁』에서 개인의 '자기 정체성(Identität)'은 사회적으로 규정된 또는 타인에 의해 기대된 '목적격 나'와 대상화되지 않은 어떤 자발성으로서의 '주격 나'의 긴장 관계 속에서 형성된다고 말한다. 이때 중요한 것은 "각 개인을 단지 공동체의 구성원이 아니라 사회과정 속에서 개성화된 주체로 확증하는 상호인정"이다.

동구는 수영에 재능이 있긴 하지만 특출나진 않고, 대학에서 사회복지학을 전공한 세하는 똑똑하지만 매사에 비관적이고 신경질적이다. 기존 '장애인 영화'의 주인공들과 달리, 세하와 동구는 절대적 선으로 그려지지 않고 신비화되지도 않는다. 지극히 현실적인 모습으로 그들은 '목적격 나'로 굳어진 규범적인 자화상에서 벗어나 한 개인의 개성적인 자화상인 '주격 나'로 나아간다. 영화가 시작하고 끝날 때까지 세하는 '세하'고 동구는 '동구'다. 그들은 '그냥' 장애인이자 평범한 사람으로 자리한다. 그렇게 장애인과 비장애인은 '따로 또 같이' 함께 사는 세상을 만들어간다.

'장애인'이란 이름으로

특수학교에서 발생한 성폭행 사건을 다룬 영화 〈도가니〉를 기억하는가. 소설 원작자 공지영은 광주인화학교 성폭력 사건의 마지막 선고가 있던 날 법정 풍경을 그린 스케치 기사에서 모티브를 얻었다고 한다. "집행유예로 석방되는 그들의 가벼운 형량이 수화로 통역되는 순간 법정은 청각장애인들이 내는 알 수 없는 울부짖음으로 가득 찼다." 자, 이때 청각장애인들의 '소리 없는 아우성'은 침묵인가. 이것은 분명 손짓에 의해 발화되었기에 침묵이 아니다. 하지만 아무에게도 들리지 않았으므로, 정확히는 아무도 들으려고 하지 않았으므로 이것은 침묵이 분명하다. 침묵이 아닌 침묵. 그것은 발화되지 못한 침묵보다 더욱 가혹한 침묵이다.

〈증인〉과 〈나의 특별한 형제〉 두 영화의 주인공들은 모두 법정에 선다. 그리고 하나의 목소리로 말한다. 나는 '장애인'이다. 나는 '지우'다. 나는 '세하'다. 나는 '동구'다. 그런데 '나'가 한 사람씩 다 호명되고 나서도 관객들은 스크린에서 시선을 떼지 못한다. 순호는 재판을 다 망쳐놓고 로펌에서 해고당하진 않았을까. 아버지가 친구 보증을 섰다가 빚을 떠안았다고 했는데, 빚을 다 갚을 수는 있는 것일까. 스크린 밖 순호의 삶은 스크린 안 취준생 미연의 일상으로 자연스럽게 연결된다. 그동안 "쥐뿔"도 없지만 "그냥 센 척"했다는 그녀는 세하에게 한마디 툭 건넨다. "못 걷는 것만 억울한 거 아니에요. 계속 걷는데 제자리걸음하는 거 그것도 개억울해요."

자, 여기서 조금 더 근본적인 질문을 던져보자. '비장애인' 순호와 미연의 '소리 없는 아우성'은 침묵인가 아닌가. 이것은 언제든지 발화될 수 있으므로 침묵이 아니다. 하지만 아무도 보려고도 들으려고도 하지 않으므로 이것은 침묵이 분명하다. 침묵이 아닌 침묵. 그것은 또 하나의 강요된 침묵이다.

스크린 안과 밖에서 헐벗은 타자의 얼굴을 하고 주체의 자리에 서있는 우리는 누구인가. 우리는 주체인가 타자인가. 장애인을 향한 질문들이 우리에게 돌아와 있다는 걸 깨닫는 순간, 관객들은 우리 주변에 있는 다양한 모습의 소수자와 약자들을 '목격'한다. 순호에게는 파킨슨병을 앓는 아버지와 이혼하고 혼자 딸을 키우는 싱글맘 친구가 있고, 법정에서 순호와 대립 구도를 형성하는 검사에게는 자폐가 있는 형과 그 가족들이 있다. 또한, 스크린 밖에서 남몰래 숨죽이고 있던 우리에게는 아들 병원비가 필요해 집주인을 죽인 가사도우미와 돈 때문에 아들에게 살해당한 홀몸노인, 그리고 '나의 특별한 형제' 미연이 있다.

'소리 없는 아우성'으로 가득 찬 법정에서 우리는 이제 들리지 않던 소리를 듣고 보이지 않던 얼굴을 볼 수 있다. 그들은 누구인가. 그들은 또 다른 얼굴의 우리다. 순호 아버지는 홀로 지내는 아들에게 말한다. "남자라도 괜찮다. 사람이면. 사람 혼자는 너무 외로워." 그들은 '나의 밖'에서 오는 것이 아니다. 그들은 '나의 안', 즉 나의 슬픔, 아픔, 그리고 상처받을 가능성에서 나온다. 우리는 그렇게 소수자가 되고 약자가 된다. 오늘도 우리는 법정에 서 있다.

"나는 장애인이다."(2022. 5.)